communication and education
コミュニケーション発達支援シリーズ

知的障害特別支援学校での
摂食指導と言語指導

坂口 しおり 著

ジアース教育新社

はじめに

　知的障害特別支援学校に在籍する子ども達の多くは、食べること（摂食）や話すこと（発話）に課題があります。
　口を閉じずに食べる、噛(か)まずに飲む（いわゆる「丸飲み」）、舌を出して飲む、食べ物を詰め込む、咀嚼(そしゃく)が弱い、不明瞭な発音、甲高い発声といった様子を見せる子ども達に教員がアプローチするのは難しく、専門家が行うものだろうと思われがちです。

　確かに、知的障害特別支援学校の子ども達を対象とする摂食指導、発話指導の本やマニュアルはほとんど見当たりません。でも、担任の先生が摂食や発話に関心をもち、日々の学習活動の中に子ども達の課題に合った指導を取り入れることで、子ども達の摂食や発話はかなり改善します。
　小学部のAさんは、食べ物を舌でつぶしながら、そのまま飲み込んでいました。大人の真似をして舌を動かすように促すと、半年くらいで食べ物を噛むようになりました。
　高等部のBさんは、熱い紅茶をそのまま口に流し入れ、やけどをしました。口唇をすぼめ、水分を啜(すす)るように促すと、1か月後には紅茶を啜って飲むようになりました。
　給食の最初に「先生の真似をして『モグモグ』、ほら、こんな風にしてごらん」と口を動かす見本を見せていた小学部のクラスでは、子ども達も「モグモグしよう」とよく口を動かすようになりました。
　中学部で国語の時間に「思い切り舌を出してみよう、大きく口を開けて『あー』と言うよ」と、ことばの練習を取り入れたところ、子ども達は口を大きく動かして話すようになり、発音もはっきりしてきました。

　摂食と発声・発語は、どちらも「舌、口唇、喉(のど)」を主に使います。そして、しっかりと「舌、口唇、喉」を使うためには、姿勢や体の安定、肩周辺の動きが重要です。「舌を動かす、口唇を閉じる、息を上手に出す、よい姿勢で声を出す」といった力は、繰り返し練習することで確実に身に付き、摂食と発声・発語の両面が改善します。
　ですから、知的障害特別支援学校では、担任の先生が、子ども達の摂食や発語の課題を理解し、日常の指導の中で取り組みを工夫することがとても大切と考えます。ただし、摂食の指導も発声・発語の指導も、生活の中で楽しみながら行ってください。子ども達には、食べること・話すことが大好きでいてほしいからです。

本書は、子ども達の摂食や発語について、日々子ども達に接する担任の先生方に知っていただきたい内容をまとめました。検証や検討が数多く必要な分野ですが、この本をきっかけに、担任の先生や医療の専門職の方が、知的障害特別支援学校での摂食指導や発声・発語指導に関心を寄せ、研究が進むことを願い出版を決めました。忌憚なきご意見とご指導をいただければ幸いです。

　最後になりましたが、本書を手にしてくださいまして、ありがとうございます。

平成28年8月

坂口　しおり

目次

はじめに

第1章　摂食指導の基礎知識

1　知的障害特別支援学校における摂食指導の基本的な考え方 ……… 6
（1）肢体不自由児への摂食指導と知的障害児への摂食指導の違い／6
（2）知的障害児の摂食の問題　〜4つのタイプ〜／8

2　食べる機能の発達過程と形態食 ……………………………………… 9
（1）食べる機能の発達／9
（2）形態食（特別食）／10
（3）摂食の過程とつまずき／14

3　食べ物（固形物）の摂食指導………………………………………… 16
（1）摂り込みから嚥下までの動き／16
（2）固形物の摂り込みから嚥下までのつまずきと指導／16

4　水分の摂食指導 ……………………………………………………… 23

5　手づかみ食べ ………………………………………………………… 25
（1）手づかみ食べで学ぶこと／25
（2）手づかみ食べの練習、噛む練習に適した食べ物／27

6　過敏をとろう　〜脱感作〜 ………………………………………… 29

第2章　障害による弱さの理解

1　知的障害特別支援学校での摂食のつまずき ……………………… 34
（1）知的障害特別支援学校の子ども達に見られる摂食の課題／34
（2）摂食時に見られる様々なつまずき／35

2　摂食機能の評価　〜適切な食形態による支援 …………………… 36

3　食形態の決定と変更 ………………………………………………… 37
（1）食形態とその対象／37

（2）摂食相談／37
　（3）食形態の変更　〜摂食相談後の評価と見直し〜／38
　（4）食形態変更後の対応　〜1週間は要注意！〜／39
 4　これは危険！　知っておくべきこと……………………………………40
　（1）窒息／40
　（2）口唇閉鎖の指導／41
 5　摂食指導と言語指導　………………………………………………………41

第3章　摂食機能を高める言語指導

 1　なぜ言語指導か………………………………………………………………42
　（1）発声・発語と食べることの関係／42
　（2）発生・発語の練習の在り方／44
 2　障害によることばのつまずき……………………………………………44
 3　50音の聞き取りと発声練習………………………………………………45
　（1）聞き取ることの難しさ／45
　（2）先生の発声が大切‼／46
 4　発音の評価と支援…………………………………………………………47
　（1）ことばのチェックシート／47
　（2）話しことばを練習しよう／50
　（3）個別的な話しことば練習の実際／53
 5　集団で行う発声練習………………………………………………………57
　（1）発声練習の準備　〜まずは体を伸ばそう〜／57
　（2）遊びや生活の中でやってみよう／57
　（3）口の体操1・2・3／61

あとがき

第1章

摂食指導の基礎知識

1　知的障害特別支援学校における摂食指導の基本的な考え方

（1）肢体不自由児への摂食指導と知的障害児への摂食指導の違い

　子どもを対象とした摂食指導の中心は、肢体不自由児です。肢体不自由特別支援学校に多く在籍する、脳性麻痺や重度重複障害の子どもは、運動の麻痺や筋緊張の異常があり、口の動きや姿勢等、食べることに関して、様々な課題をもっています。

　特に肢体不自由の子どもの多くは、飲み込むこと（「嚥下」）が苦手です。「嚥下動作」は、本人の意思によって食べ物を喉に送り込む動きと、嚥下反射といわれる反射の動きとの連続で行われます。肢体不自由の子どもの中には、運動の麻痺や筋緊張の異常により食べ物を上手に喉に送り込むことが苦手で、嚥下反射そのものがうまくいかない子どももいます。

　「嚥下」の時に食べ物は、気道といわれる空気の通り道を横切ります。飲むことが苦手だと、気道に食べ物が詰まる「窒息」や、気道の方に食べ物が流れ込む「誤嚥」の危険性が高くなります。ですから、肢体不自由特別支援学校では、摂食指導はとても重要です。

　一方、知的障害特別支援学校の子ども達は、たいてい「嚥下」は得意です。「嚥下が難

よく噛んで　　　　　つぶして飲もう

知的障害児は嚥下が得意な子どもが多い

しい」といわれる水を、水筒やコップでゴクゴクと飲んでいます。よく噛まなかったり、詰め込みすぎたりする傾向はあっても、家では家族と同じ食事か、少し軟らかくした食事を食べているケースがほとんどです。

　こうしたことから、肢体不自由特別支援学校では「少しずつ食べられるようになる」方向で、知的障害特別支援学校では「今の食べ方を上手にしていく」「必要に応じて食べ物の形態や食べ方を変えていく」という方向で摂食指導を考えていくとよいでしょう。

　例えば肢体不自由特別支援学校の摂食指導では、子ども達の課題に合った食べ物の形態（「食形態」といいます）を用意したり、水分にとろみをつけて飲み方を練習したりすることを、よく行います。これは大切なことですが、摂食指導が必要だといって突然、知的障害特別支援学校の給食で、食べたことがないような軟らかい食べ物を出されると、それに慣れていない子ども達はつぶさずに全部飲み込んでしまう、といったことも考えられます。

　また、知的障害特別支援学校の子どもは、小学部入学前からその子どもにとって食べやすい食べ方で食事をしてきています。一度覚えた動きは、そう簡単には変えられません。本人は困っていないのに、食べ慣れない形態の食べ物が出され、今までとは違った食べ方を要求されると、子ども達は混乱します。食べ物の形態や食べ方を変える時は、子ども達の生活や食べる様子を見て、本人を納得させながら丁寧に行っていく必要があります。

　もちろん知的障害児の摂食にも様々な課題があります。

　「口唇に触らないように食べ物を摂り込む」「口を閉じずに食べる」「ほとんど噛まない」「ずっと噛んでいる」「つぶす動きがない」「モグモグしない」「噛まずに飲む」「舌を出して飲む」「どんどん食べ物を詰め込む」「口を開けて苦しそうに飲む」「非常に早く食べる」「いつまでも口の中に食べ物が残る」「好き嫌いが激しい」――こういった様々な課題を解決しようとする時には、肢体不自由特別支援学校でなされている摂食指導を、そのまま知的障害特別支援学校の子ども達に当てはめるのではなく、「知的障害特別支援学校の子ど

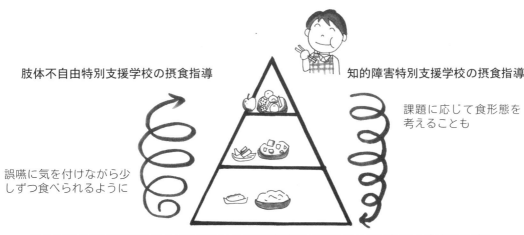

肢体不自由特別支援学校の摂食指導と知的障害特別支援学校の摂食指導の方向性の違い

も達への摂食指導」と捉え直し、指導していく方が望ましいと思います。

特に、生活年齢や、知的発達、言語発達、将来の進路を考慮し、本人の気持ちや保護者の願いをよく聞いて、その子どもに合った摂食指導を考えていく必要があるでしょう。

このようなことから、知的障害特別支援学校での摂食指導は、以下の4点を大切にして進めていきます。

知的障害特別支援学校の摂食指導で大切にすること

① 動きや生活も含め、児童・生徒の摂食の機能を適切に評価する。
② 姿勢、食形態、食器具等を整備し本人の能力に合致した安全で快適な環境を整える。
③ 生活年齢や知的発達、言語発達に応じて障害の改善や摂食機能の向上を図る。
④ 進路先を見据え、段階的に摂食指導を進めていく。

（2）知的障害児の摂食の問題 〜4つのタイプ〜

知的障害特別支援学校の摂食指導は、図1のように、「食べる様子」と「嚥下の様子」でいくつかのタイプに分けて考えるとわかりやすいでしょう。

まず、「タイプ1」は、「摂食について大きな課題はなく、食事マナーや姿勢等通常の食事指導が必要」な子どもです。タイプ1の子どもは、彼らの知的発達や社会性、進路先等

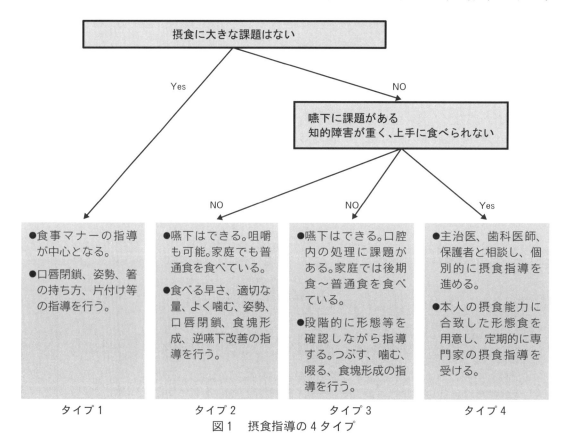

図1　摂食指導の4タイプ

を考え、各学級担任が指導していきます。

「タイプ2」と「タイプ3」は、「摂食に課題はあるけれど、嚥下はある程度できている」子どもです。知的障害特別支援学校の小学部、中学部にはこの「タイプ2」「タイプ3」の子どもがたくさんいます。この子ども達に対しても、学級担任が中心となって摂食指導を行います。ただし、摂食機能の評価にはある程度の専門的知識が必要なので、できれば歯科医師、言語聴覚士等の評価や指導を受けながら進めることが望ましいと考えます。

「タイプ4」は脳性麻痺や喉頭軟化症（喉頭の筋肉が生まれつき軟らかくうまく閉まらない）、舌に麻痺がある、良い姿勢の保持が困難、嚥下に問題がある、といった肢体不自由の子どもと同じようなつまずきがある子ども、または知的障害がとても重い子どもです。重度重複学級に在籍する子どもが中心で、肢体不自由特別支援学校で行われている摂食指導が有効です。「タイプ4」の子どもについては、できるだけ保護者の方に専門医への受診を勧め、医師や言語聴覚士等と連携をとって摂食指導を行ってください。

2 食べる機能の発達過程と食形態

（1）食べる機能の発達

子ども達は、おおむね15か月（1歳3か月）位から普通の食事（「普通食」）が食べられるようになります。ただし、摂食機能の発達は個人差が大きく、小学校入学でやっと大人のように食べられる子どももいます。保育園の給食も、普通の食事に比べると軟らかめです。

少し発語に触れると、50音の中で子ども達が一番最後に獲得する音は「s」の音です。「わたしは」が「わたちは」になるのは、「し（shi）のs」が言いにくいからです。「s」は、舌を歯と歯の隙間にあてて息を出す音です。「s」が言えるのは大体5歳位で、それまでは、子どもは舌を微妙にあげておくことができません。

ご飯大好き!!

摂食でも、例えばおもちのように、ベタベタして食べづらい物があった時、舌を器用に使って歯に食べ物をのせ、舌の先に戻してまとめ、喉に送ることは、5歳でも結構難しいものです。健常な子どもでも、食べること、話すことは何年もかけて身に付けていきます。ですから、特別支援学校の子ども達も、食べること、話すことを何年もかけて練習していく必要があります。

東京都保健所では、乳幼児が一人で食事ができるようになるまでの摂食・嚥下機能の発達について、年齢別にわかりやすくまとめています。その一部を章末にまとめましたので

参照してください（**資料1〜3、31〜33ページ**）。

（2）形態食（特別食）

　肢体不自由特別支援学校の多くは、子ども達の食べる機能に合わせ、普通食だけではなく、「形態食」を提供しています。形態食とは、表1にある「初期食」「中期食」「後期食」のように、子どもの食べる機能に応じて形や軟らかさ（「食形態」）を変えた食べ物です。11ページに示したのは、肢体不自由特別支援学校で提供される特別食の一例です。

　知的障害特別支援学校の中にも、特別食として形態食を提供している学校はあります。知的障害児に特別食を提供している学校は、まだあまり多くありませんが、「啜る」「つぶす」「よく噛む」「食べ物をまとめる」などに課題がある子どもは、形態食を食べながら、口唇や舌を使う練習をしていくことをお勧めします。

　特別食や形態食の提供が難しければ、食事の中で形態食にできそうな物を用意したり（例えば、シチューのジャガイモをつぶして丸くしたら中期食になります）、後期食に近い食べ物や卵料理の時には意識して噛む練習をさせるなどの工夫をしてみてください。

　参考までに12〜13ページに形態食の作り方の例を示しました。摂食指導では、子どもの食べる機能を正しく評価し（第2章で詳しく述べます）、課題に合った形態食で行うことが基本になります。

表1　食べる機能の発達と食形態

食形態	初期食（5〜6か月）	中期食（7〜8か月）	後期食（9〜11か月）	普通食（12〜15か月）
発達段階	経口摂取準備期 嚥下機能獲得期 捕食機能獲得期	捕食機能獲得期 押しつぶし機能獲得期	咀嚼機能獲得期 自食準備期	摂食機能獲得期 食具食べ機能獲得期へ
摂食機能	口唇を閉じて飲み込むことができる。	口唇を閉じて上顎と舌で食べ物を押しつぶすことができる。	歯を使って噛むことができる。	ほぼ普通に食べることができる。
食物形態	・半流動食 ・すりつぶし食 ・粒がなく滑らか ・ペースト状 ・とろみ、ねばり ・水分が多い	・押しつぶし食 ・舌でつぶせる程度の硬さ ・1センチ角位の形のあるもの ・水分が少ないものは不適	・軟固形食 ・きざみ食 ・奥歯で軽くつぶせる／すりつぶせる程度の硬さ ・形のあるもの	・一口大食 ・固形食 ・歯で噛み切れる程度の硬さ ・歯ですりつぶせる程度の硬さ
食べ物の例	おもゆ、お粥／パン粥の裏ごし、ヨーグルト、ムース、肉・魚・卵のペースト、野菜の裏ごし、ポタージュ	全粥、パン粥、うどんのくたくた煮、プリン、ゼリー、絹ごし豆腐、煮こごり、野菜の軟らか煮、テリーヌ	全粥、軟飯、牛乳に浸したパン、煮込みうどん、軟らかいひき肉料理、卵豆腐、卵とじ、野菜のシチュー	軟飯、ご飯、パン、麺、から揚げ、野菜、果物、かまぼこ、たけのこ、ごぼう、しいたけ

○ 学校で提供される特別食（形態食）の例

食事形態	普通食	後期食	中期食	初期食	初期食	牛乳の形態
特徴	大人と同じ食形態 ごはん シュウマイ 和え物・スープ	咀嚼を促すための形態	押しつぶしが可能な形態	ミキサーにかけた形態 粒はなし 主食はペースト	米ペースト 米粉入り	介護食用寒天で作った牛乳ゼリー
主食						
主菜	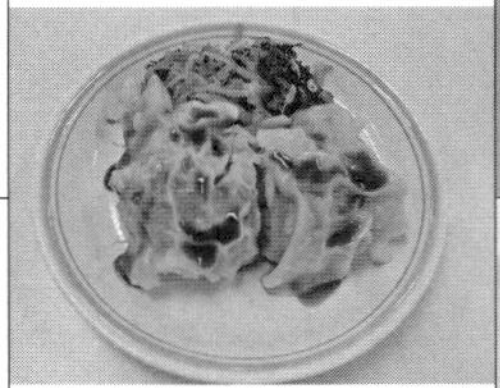					後期は豚肉のハンバーグ、中期と初期は豚肉のテリーヌ。シュウマイの皮は別に茹でてペースト状にする。
副菜						和え物やサラダは、ドレッシングやたれをくず粉でとろみ付けしてとろみをかける。
汁物						汁物は、後期は汁をくず粉でとろみ付け、中期と初期は汁を介護食用寒天で固める。それぞれ汁の上に具をのせる。

摂食指導の基礎知識

○ 形態食を作ってみよう

形態食の作り方は2通りあります。

① 「別調理方法」普通食とは原材料の段階から別に作り、圧力鍋等を使い別の調理方法で作る。
各形態食の硬さ、滑らかさに適したものになります。

② 「再調理方法」出来上がった普通食をミキサー、フードプロセッサーにかけて、とろみ具合を調整する。
簡単に形態食を作ることができます。

普通食

後期食

すりつぶし機能の獲得期です。
この時期は、咀嚼の練習期です。奥歯で軽く噛んですりつぶせる程度の軟らかさのものが適しています。煮かぼちゃ、完熟バナナ程度の軟らかさが目安です。

◎別調理方法
主 食　米は軟飯（米：水＝1：4）、パンは牛乳に軽く浸して、5分蒸す。麺は、弱火でコトコト軟らかくなるまで茹でる。

主 菜　肉は2度挽き肉を使った軟らかハンバーグ。魚はフードプロセッサーにかけ、すりみ状にしてパン粉や水分を混ぜたハンバーグ。

副 菜　根菜類は圧力鍋で加熱、その他の野菜は、通常よりも長く茹でる。

軟らかハンバーグ

◎再調理方法
主 食　米は普通のご飯にお湯をかけてふやかす。パンは温かい牛乳に軽く浸す。麺は、可能ならば長めに茹でる。普通の茹で加減の麺の場合は、お湯でふやかし、フードプロセッサーにかける。

主 菜　肉・魚は、調理方法によって再調理の難易度が変わる。炒めると焦げ目ができて硬くなるので、調理済みの肉・魚をフードプロセッサーにかける。水分を加え、ソースやルウをとろみとして加えると滑らかに仕上がる。

副 菜　肉・魚と同じく、調理方法によって再調理の難易度が変わる。生野菜は向いていない。炒めたもの野菜も硬くなるため、「茹でる」「蒸す」のものがよい。可能ならば、長めに加熱し、フードプロセッサーやミキサーにかける。いも類はマッシュポテト状が適している。

中期食

押しつぶし機能の獲得期です。
舌とあごで食物を押しつぶすことを目標とします。上あごで食べ物を押しつぶせることを目標とします。麺は、冷麦を弱火でコトコト軟らかくなるまで茹でる。この時期の食事は、絹豆腐、プリン等の軟らかさのものが適しています。

◎別調理方法
主食　米はおかゆ（米：水＝1：7）、パンはパン粉状にしてから、牛乳と水を加えて加熱したパン粥、麺は、冷麦を弱火でコトコト軟らかくなるまで茹でる。
主菜　肉・魚は生の状態でフードプロセッサーにかけ、くず粉、長芋、水分を加えて裏ごし、型に流して蒸したテリーヌ状。
副菜　ほうれんそうは長めに茹で、フードプロセッサーやミキサーにかける、いも類は軟らかいマッシュポテト状が適している。

テリーヌの調理作業

おかゆ　米：水＝1：7

テリーヌ

◎再調理方法
主食　米は普通のご飯をお湯に浸してふやかし、おかゆの硬さに近づける。パンは温かい牛乳に浸して、フードプロセッサーにかける。可能ならば長めに茹でる。普通の茹での麺の場合は、お湯で茹でふやかし、フードプロセッサーにかける。
主菜　肉・魚は、調理方法によって再調理の難易度が変わる。炒めるものの方がよい。調理済みの「蒸す」「煮る」の調理の方がよい。調理済みの肉・魚をフードプロセッサーにかける。水分を加え、ソースやルウをとろみとして加えると滑らかに仕上がる。
副菜　肉・魚と同じ、炒めるものの方がよい。生野菜は向いていない。炒めた野菜も硬い、長めに加熱し、フードプロセッサーやミキサーにかける、いも類は軟らかいマッシュポテト状が適している。

初期食

嚥下機能の獲得期です。
口唇を閉じてゴックンと飲み込むことを目標とします。食べる機能の最初のステップです。パン・麺は中期食のものをフードプロセッサーにかけてペースト状にする。粒のないヨーグルト状、マヨネーズ状のものが適しています。

◎別調理方法
主食　米はおかゆ（米：水＝1：6）をフードプロセッサーでペースト状にして裏ごす。パン、麺は中期食のものをフードプロセッサーにかけてペースト状にする。
主菜　中期食のテリーヌをミキサーにかけてペースト状にする。
副菜　中期食の野菜をミキサーにかけてペーストし、くず粉でとろみをつける。

おかゆペースト

◎再調理方法
主食　米はお湯に浸したものをフードプロセッサーにかけ、水分を加え、ソースやルウをとろみとして加えると滑らかに仕上がる。パンは温かい牛乳に浸すとフードプロセッサーにかけて裏ごす。麺は、お湯でふやかし、フードプロセッサーにかけて裏ごす。粘りが強いので水分で調整する。
主菜　調理済みの肉・魚をミキサーにかける。水分を加え、ソースやルウをとろみとして加えると滑らかに仕上がる。サラサラ感が残るので、粒が残らないよう必ず裏ごす。
副菜　生野菜は向いていない。炒めた野菜も硬くなるため「茹でる」「蒸す」で長めに加熱し、ミキサーにかける、いも類は軟らかいマッシュポテト状にし、粒が残らないよう必ず裏ごす。

（3）摂食の過程とつまずき

　一般に摂食の過程は、1）先行期、2）準備期、3）口腔期、4）咽頭期、5）食道期の5つの時期に分けて考えられます（表2）。このうち学校の中で摂食指導の対象となるのは、1）先行期〜3）口腔期で、知的障害特別支援学校でよく見られるつまずきをまと

表2　摂食の過程と知的障害特別支援学校で見られるつまずき

各　期	内　容	よく見られるつまずき
1）先行期	食べ物や飲み物の形や量、質、熱さ等を確認し、口に入れる準備をする。	・食べ物を見ない。 ・食べ方を考えない。 ・すぐに口に入れる。 ・舌の真ん中に食べ物を入れる。 ・たくさん食べ物を入れる。
2）準備期	食べ物を噛み砕いてつぶして食塊（飲みやすい大きさ。「ボーラス」といいます）を形成し、舌の先の方でまとめて飲む準備をする。口の中に水を留めて飲む準備をする。	・噛まない。 ・つぶさない。 ・まとめない。 ・口を閉じない。 ・すぐに飲む。 ・舌を出して飲む。 ・口を開けて喉を開くようにして飲む（逆嚥下）。 ・他のことに気が向いている。
3）口腔期	食べ物を口の中から喉の方に送り込む。	・大量に喉に食べ物を送り込む。 ・次の食べ物を口に入れようとする。 ・飲み込む前に次の食べ物を口に入れる。 ・飲んだ食べ物を口に戻す（反芻）。
4）咽頭期	食べ物を喉から食道に送り込む。	
5）食道期	食べ物や飲み物を食道から胃に送り込む。	・ガスがたまりゲップが大量に出る。

めました。

　まず覚えておいてほしい大切なことは、食事で事故が起きやすいのは、食べ物が、1）先行期から2）準備期に移動する時と、2）準備期から3）口腔期に移動する時です。摂食指導では、そこをしっかり見守ることが大切です。

　実際に起こりやすい事故の例に、①1）先行期から2）準備期に移る時に遊びながら食べていて、スプーンが口の奥に入りすぎて喉の奥を傷つけた、②食べ物が2）準備期から3）咽頭期に移る時に笑っていて喉が開き、食べ物が気管に入ってむせた、などがあります。

どんどん口に入れてはダメ

　知的障害特別支援学校の子ども達は、1）先行期、2）準備期の動作が早すぎる傾向があります。子ども達には、1）先行期ではどんな食べ物かをよく確認し、2）準備期でしっかりと時間をかけて処理してほしいのですが、とにかくポンポンと口に放り込み、そのまま飲むといった様子が少なからず見られます。

　先行期では、お皿に食べ物を小分けにする、「よく食べ物を見てね」と声をかける、指導者がスプーンを持つ手を押さえ、「多くのせすぎだよ」とスプーンの食べ物の量を確認させることなどを行ってください。次の食べ物に意識が向きすぎる子どもは、お盆にお皿を1つだけのせてもよいでしょう。

多くのせすぎですよ

　準備期では、「○○回噛もうね」「舌の先で食べ物をまとめるよ。モグモグ」などと伝え、時間をかけて処理するように指導をしてください。

3つ数えるまでよく噛みましょう

3 食べ物（固形物）の摂食指導

（1）摂り込みから嚥下までの動き

次に、食べ物（固形物）の摂り込みから嚥下までの流れを見ていきます（表3）。

表3　食べ物の摂り込みから嚥下まで

段階	口腔内の動き
1）摂り込み	舌を下前歯の後ろ周辺につけ、食べ物を口の中に摂り込み、舌の先に食べ物をのせる。
2）咀嚼と食塊形成	舌の先を動かして食べ物を左右の歯列にのせ、歯の上で噛んだりすりつぶしたりして食べ物を小さくし、唾液と十分に混ぜ合わせることで（咀嚼）、飲み込みやすい食物の塊（食塊）を形成する。 食べ物を混ぜ合わせながら舌の先に食べ物を戻し、ある程度の大きさにまとめたら（食塊形成）、舌の先を上前歯の後ろにつけ舌の先を軟口蓋に押し付けながら一気に飲み込む。
3）咽頭への送り込み	食べ物を2～3回に分けて嚥下する。食べ物を喉・食道に送り込み、舌の上に食べ物がなくなる。

（2）固形物の摂り込みから嚥下までのつまずきと指導

摂り込みから嚥下までの流れの中で、子ども達がつまずきがちなところと、つまずきの指導の例を紹介します。

1）摂り込み

● つまずき

　食べ物を舌の先ではなく、舌の中央や奥の方にのせています。

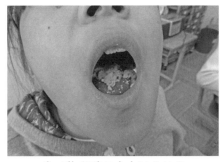
食べ物を舌の中央にのせる

● つまずきの理由

　上口唇を使って食べ物を摂り込み、舌の先に置くことができていません。また、食べる時に舌が出たり、逆に奥に引っ込んだままだったりするため、食べ物をのせる位置が舌の中央より後ろになってしまいます。

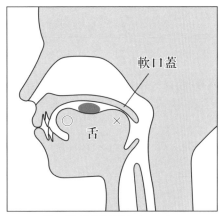
舌の後ろ側は動かしにくい

● つまずきの結果

　舌は、先の方は緻密に動きますが中央より後ろはほとんど動きません。舌の後ろ側におかれた食べ物は、舌と軟口蓋でつぶしながら喉に送り込まれますが、十分咀嚼されていないため、結果的に丸飲みとなります。

● 具体的な摂食指導

　○ 摂り込み時、舌が下口唇より出ていたら、舌を入れるように声をかけたり、指導者がスプーンで軽く舌を押したりして、舌を中に入れるようにします。

舌を入れるよう促す

　○ 食べ物を舌の先にのせるようにするため、スプーンを奥に入れずに、食べ物を手前におくように声かけ等をします。

　　食べ物を噛むようにするため、スプーンを小さくしたり箸を使わせて、食べ物を歯の上にのせるようします。

食べ物を歯の上にのせる

○ 介助者が下口唇の上にスプーンをのせ、上口唇ですりとるように声かけをし、舌の先に食べ物を落とす感覚に慣れさせます。

　※ 子どもが食べ物を摂り込むまで、スプーンや箸は抜かないでください。
　※ 上口唇が動くようになったら、上口唇の動きに合わせてスプーンを抜いてください。

● 指導のポイント

　上口唇を使って摂り込むこと、舌の先に食べ物をおくことが大切です。上口唇で食べ物をとろうとする動きが見られたら、その動きに合わせてゆっくりとスプーンを引き抜いていってください。

　スプーンを使う場合、右の写真のように、先の方3分の1位に食べ物をのせると、分量も丁度よく指導しやすいです。

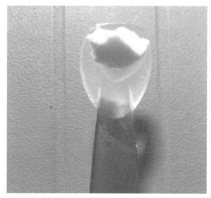

スプーンの先に食べ物をのせる

● 摂り込みの摂食指導で期待される効果

　上口唇の先で食べ物をとるようになることで、上口唇へ意識が向くようになります。

　上口唇で食べ物をとるためには、下口唇がしっかりと安定していることが大切です。上口唇へ意識が向くことで、下口唇もしっかりと閉じようとする動きが出てきます。（口の周りには、「口輪筋」という丸い筋があります。上口唇を閉じると、下口唇も閉じてきます。）上口唇を動かして食べ物をとるようになると、舌の先も口唇に近づいていきます。

→上口唇、下口唇、舌の先と口の先へ意識が向くようになることで、口を閉じている、上下口唇を開閉する、舌の先が動きやすくなるといったことが期待できます。

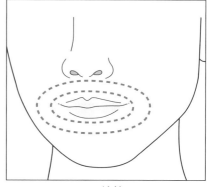

口輪筋

2）咀嚼と食塊形成

① 咀嚼の課題

● つまずき

　食べ物を噛みません。また、噛めても咀嚼せず、食塊形成をしません。

● つまずきの理由

　舌が左右に動かないため、食べ物を歯の上にのせることができません。口唇が閉じなかったり、食べ物を口の先に戻す習慣がないため、十分な咀嚼、食塊形成ができません。

● つまずきの結果

　食べ物を噛まずに、舌全体を軟口蓋に押し付けるようにして食べ物をつぶし、そのまま飲み込んでいます。噛んでもうまく食塊形成できずにそのまま飲み込んでいます。

● 具体的な摂食指導

　○ 支援者が犬歯に食べ物をおき、よく噛むように促します。最初は、形はあるけれど軟らかい食べ物から始めます。嚥下に心配がなければ、子どもの大好きなスナック菓子で練習してもよいでしょう。揚げ物の衣も、噛み応えがありおいしいので普段はほとんど噛まない子どももよく噛むようになります。

　○ 指導者が手を添えながら自分でスナック菓子を持たせ、「噛んでごらん」と言うと、カリカリとうれしそうに歯を動かす様子が見られます。ただし、どんどん口の中に入れないように注意してください。

　○ 舌の先を動かす練習として、少量のジャムやクリーム（つぶした食べ物でもよいです）を上口唇や口唇の端、歯の後ろ、上下の奥歯にのせることも有効です。下の写真のように「舌でとってごらん」と伝えると、舌の先を伸ばして食べ物をとろうとする動きが見られます。

○ 歯ブラシやスプーンの先を犬歯に当て、舌で触るように促し、舌を左右に動かす練習をします。

○ 「噛んだら食べ物を舌の先に戻して、ムニャムニャとつぶしてね」と一連の動きをことばで伝えたり、見本を見せたりします。

○ 食事以外の時間に、舌を左右に動かす、舌を使って「ツツツ」と言う、軟口蓋に舌をつける等舌を動かす練習をします。（→64ページで詳しく紹介します。）

● 指導のポイント
　口の中で食べ物を思い切り動かす感覚、口の先に食べ物を戻す感覚を覚えさせることが大切です。

② 食塊形成の課題
● つまずき
　舌の後ろ側と軟口蓋で食べ物をつぶしてそのまま飲み込んでいます。舌を出しながら飲み込んだり、次の食べ物を入れながら飲み込んだりする場合もあります。

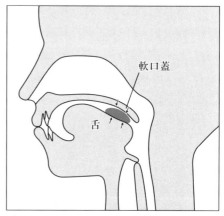

● つまずきの理由
　舌の中央にのせた食べ物を、舌の先に戻すことができません。また、普段から舌の先に食べ物を戻す習慣がありません。

舌の後ろ側と軟口蓋では食塊形成できない

● つまずきの結果
　食塊形成されないまま、舌と軟口蓋でつぶしながら飲み込んだり、次の食べ物で前の食べ物を押して喉に流し込んだりするため丸飲みとなります。

● 具体的な摂食指導
　○ 食塊形成の一番のポイントは、口を閉じて舌の先に食べ物をおき、口唇や舌を動かして食べ物をつぶすことです。ですから、食べ物で練習するよりも、とろみのある水分や少しつぶしたゼリーなどで、啜ってからもぐもぐつぶす動きを練習することが有効です。

　　　　※ スプーンを口の前にもっていき、口唇の先で啜りながらもぐもぐさせます。

　○ 支援者が食べ物を舌の先においてみせてから、上下口唇に力を入れてムニャムニャとつぶす動きをして見せ、真似をさせます。鏡を見せて、口を閉じて口の先を動かす動きを理解させます。

鏡を見ながら口を閉じて口の先を動かす

● 指導のポイント
上下口唇をムニャムニャさせたりすぼめたりして、意識を向かわせることが大切です。

口を閉じて、舌で上下口唇に食べ物を押しつける動きを練習します

● 咀嚼と食塊形成の摂食指導で期待される効果
　噛むために歯の上に食べ物をのせる、食塊形成のために舌の先に食べ物を戻す、のように目的をもって上下口唇、舌を動かすようになります。
　食べ物が長く口の中に留まるため、ゆっくり食べるようになり、丸飲みをすることが減ります。
→食べることや話すことには、上下口唇や舌の先の動きが大切です。それらが目的をもって、力強く動くようになります。また、「～するために、～をする」といった目的をもった動きは、手段と目的の関係の理解につながり、認知の発達も促します。

3）咽頭への送り込み

● つまずき

食べ物を喉の方にうまく送り込むことができません。

● つまずきの理由

口唇を閉じる力や、舌を軟口蓋に押し付ける動きが不十分なまま食べ物を飲み込んでしまうため、正常な嚥下ができません。

● つまずきの結果

丸飲み、逆嚥下*（喉を開いたまま飲む）、舌突出嚥下*（舌を突き出して飲む）となり、誤嚥の危険が高くなります。

> ＊ 逆嚥下と舌突出嚥下
> 　障害児に見られる動きで、舌の付け根部分から喉を開いて食塊を落とし込む動きのことです。この時、舌を突出して舌根部を開くのが「舌突出嚥下」で、舌の後方部を押し下げて開くのが「逆嚥下」です。口の中の食べ物を強引に喉に落とし込むような動きに見えます。

● 具体的な摂食指導

○ 食べ物を少量ずつ口の中に入れ、口唇を閉じてから飲むように促します（下口唇を指先で引きあげ、閉じるように促すと真似をすることが多いです）。飲む時に、「舌の先に食べ物をのせて」と声をかけます。

○ とろみのついた水分で、上下口唇で水分を啜る練習をします。舌が出ていたら、舌をスプーンで押し込んでから、口を閉じて飲むように促します。

水分を啜る練習

○ 危険な様子が見られたら、指導者が食べ物を小さく刻む、つぶす等して喉につまらないようにします。

● 指導のポイント

嚥下時、顎を引きすぎないように、顎の先のくぼみを軽く押さえるように介助すると、顎が安定

普通の食べ物　　小さく切ったもの

し、飲みやすくなります。

● 咽頭への送り込みの摂食指導で期待される効果

　非常に早く飲み込む子どもへの送り込みの指導はなかなか難しいものです。少量ずつ口の中に入れるように促し、口を閉じるように促しても、食べ物をあっという間に嚥下する子どもがいます。

　説得するように見本を見せたり、繰り返し声かけをすることで、食べ方を変えることに意識を向かわせる必要があります。大人が介助して、水分の嚥下から練習する方が早道のこともあります。

　ただ、食べ方への意識が変わると、変化を受け入れにくかった生活面や行動面でも、大人の見本や指示を受け入れられるようになることがあります。また、送り込みの課題は窒息の心配がある行動でもあります。小学生や中学生のうちに指導して、改善に取り組むようにしてください。

4　水分の摂食指導

　知的障害特別支援学校の子ども達の多くは、嚥下そのものは上手なため、水分によるムセはほとんど見られません。ただ、上下口唇を使わずに流し込む、いつまでも口の中に水分をため込みスムーズに飲み込めない、といった様子が見られます。

　水を啜る、水を口の中にためておくためには、口唇をしっかり閉じ、舌の先に力を入れて水をせき止める動きが必要です。

　口唇に力を入れる、舌の先を動かす練習は、固形物より水分で行った方が効果的な場合があります。上下口唇を使わない、舌の先に力が入らない、飲み方を変えたいといった場合は、とろみをつけた水分で、「啜って・ためて・飲む」という練習をしてみてください。

● つまずき

　水分を飲むとムセることが多いです。口唇を閉じずに水分を口の中に流し込んでしまいます。

● つまずきの理由

　過敏等があり、上下口唇で水分量を調節することができません。また、舌で水分を止めきれなかったり、舌が伸びにくく、口を開けると下の前歯につかないことなどがあります。

● つまずきの結果

　摂り込み時に勢いがつくと、水分が喉から一気に気管に入り、誤嚥してしまいます。

● 具体的な摂食指導

　○　スプーンやレンゲは床と平行になるように下口唇にあてて、上口唇で啜らせます。上口唇で啜ることが難しい場合、指導者がスプーン等を持って子どもの口につけて啜る練習をしてもよいでしょう。スプーン等は、本人が啜るまで傾けません。なお、肢体不自由児の摂食指導では、写真のように、水の流れ込みを防ぐためにスプーンやレンゲを横向きで使うのが普通です。

スプーン、レンゲは横向きで使うと安全

　○　知的障害特別支援学校の子ども達には、カポカポと水分を口に投げ入れる様子が見られます。サラサラの水をコップで飲める場合、口唇をすぼめて啜る練習をする際に、スプーンやレンゲを縦に使ってもよいでしょう。その時、スプーンやレンゲを口の中に入れないように注意してください。

● 指導のポイント

　スプーンやレンゲでの水分摂取ができるようになったら、カットコップを使って少量ずつ水分を飲むようにします。その際、上を向いて流し込むのではなく、唇を水面につけて飲み込むように促してください。上下口唇や口唇周辺に過敏がある場合、指導と並行して「脱感作」を行ってください（29ページ参照）。

鼻の当たる部分を削ったカットコップ。上を向かずに水分を飲める

● 水分の摂食指導で期待される効果

　水分は形がなく、サラサラと動くので、通常の水分で「啜って・ためて・飲む」という動作をするには、子ども達は口の中を緊張させておく必要があります。例えば、上下口唇はしっかりと閉じ続ける必要がありますし、舌と頬、軟口蓋は水分が歯の外側や舌の奥に落ち込まないように引き締めておかなくてはなりません。

　こうした動きは、口輪筋と舌を動かす筋群（舌の形を変える「内舌筋」と舌を前後左右に動かす「外舌筋」）、頬を引き締める筋（「頬筋」）を発達させます。これらの筋を鍛えることは、食べること、話すことはもちろん、豊かな表情作りにもつながります。

5　手づかみ食べ

（1）手づかみ食べで学ぶこと

赤ちゃんは、1歳を過ぎる頃から「ボーロ」や「赤ちゃん用おせんべい」を手に持って食べるようになります。

最初はうまく口に運べず、ボーロが手から落ちたり、口を開けておせんべいに何度も近づいたり、そうしているうちに上手に食べ物を口に運べるようになります。

摂食指導では、手づかみ食べをとても大切にしています。「小学生なのに手づかみ？」と思われがちですが、手づかみ食べをすることで、子ども達はたくさんのことを学びます。

● 一口の量を覚える

どんどん食べ物を詰め込み、うまく処理できない子どもがいます。そんな子どもは手づかみ食べを十分にしてこなかったことが考えられます。

手づかみ食べでは、自分で必要な量をかじりとるので、一口の量を覚えます。スプーンだと、山盛りの量を口の中に入れることができますが、手づかみ食べは、舌の先に食べ物を落としていくのでそれほどたくさん入りません。

● 口唇や舌の動きを育てる

スプーンをぐっと口の中に入れ、舌の真ん中に食べ物をおいている子どもがいます。舌の真ん中に食べ物をのせると、後はつぶして飲み込むだけになってしまいます。手づかみ食べは、舌の先に食べ物を落とすので、口唇を閉じ、舌でしっかりと食べ物を押さえる練習になります。舌の先に食べ物をおけば、歯に食べ物をのせる動きもスムーズにできるようになります。

● 目と手と口の協調した使い方を学ぶ

ボーロを口に入れるためには、ボーロをよく見て、指先に力を入れてボーロを運び、口唇に手を当てながら下口唇の奥にボーロを落とさなくてはなりません。赤ちゃん用おせんべいを食べる時は、おせんべいをよく見て、おせんべいの先が口唇の少し奥につくように手をコントロールする必要があります。手づかみ食べは、目と手と口の協調した動きを育て、手指の操作性を高めます。

手づかみ食べの発達段階

○ 手づかみ食べ準備期……おもちゃをなめたり、かじったり

○ 手づかみ食べスタート（7か月を過ぎた位から）……ぐちゃぐちゃ手遊び・手の平で食べ物を押し込んだり

○ 食べ物を横から入れます

○ 食べ物を前から入れます

○ つまんで食べられます

○ パンももぐもぐ

（2）手づかみ食べの練習、噛む練習に適した食べ物

　後期食を食べていて、「普通食にしたい、でもまだ上手に噛んだり咀嚼したりできない」「一口量が多すぎる」「口唇や舌の先で食べ物を触りたがらない」といった子どもに、スティック状に加工したパンやにんじんを提供している特別支援学校もあります。
　スティックパンやにんじんスティックには、それぞれ良いところがあります。

● スティックパン
- サクサクと軽く噛めるので、噛む力が弱い子どもにも噛むことを促すことができ、噛む力をつける練習になります。
- パサついているので、唾液と食べ物を混ぜる練習になります。

● にんじんスティック（蒸し）
- 柔らかいので、噛んでつぶす動きの練習になります。
- 粘りがあるので、歯ですりつぶす練習ができます。

　また、次のような手づかみ食べの利点を実感しやすいことも、スティックパンとにんじんスティックに共通しています。

- かじりとりができるので、目と手と口の協調した動きが練習できる。
- 食べ物が口唇や前歯に触ることに慣れる練習ができる。
- 自分の口で一口量の調節ができる。

　次ページで、スティックパンとにんじんスティックの作り方を紹介します。どちらも簡単に作れますので、ぜひ手づかみ食べの練習をしてみてください。

○ スティックパンの作り方

① 食パン（8枚切り）の耳をカットして、幅1センチ厚さ8ミリの棒状にカットする。（あまり厚いと芯が生っぽく残り、サクサク感がなくなり、口の中にパンが残りやすくなってしまいます。）

② スチームコンベクションオーブンのホットモードで140度に設定し、12分間加熱する。

③ 焼きあがった状態。ラスクのようなキツネ色になればできあがり。

○ にんじんスティックの作り方

① にんじんは半分の長さにカットし、皮をむいて圧力鍋で30分蒸す。

② 蒸しあがったにんじんを1センチ角程度の棒状にカットすればできあがり。

6 過敏をとろう ～脱感作～

顔を触られるのが嫌い、食べ物を口唇につけることが苦手といった子どもがいます。そのような子ども達には「過敏がある」とよくいわれます。過敏とは、感覚が過度に敏感なこと（「感覚過敏」）です。

自閉症や発達障害の子どもには、感覚過敏に悩む子どもが少なくありません。例えば、ヘッドホンをしている子どもの多くに、音が過剰に大きく、不快に聞こえる「聴覚過敏」があります。そういった刺激に無理に慣れさせようとしても、拒否が強くなり、泣いたり逃げたり、といった行動につながりがちです。

過敏をとる方法に「脱感作」があります。ここでは、触覚に過敏がある子どもへの脱感作の方法を紹介します。

触覚に過敏がある子どもへの脱感作

○ 対象となる子ども
　身体や口を触られると筋に緊張が起こる、触れられた部分の皮膚がこわばる、異常に嫌がる、といった様子が見られたら「触覚過敏」かもしれません。

○ 方法
　指導者が、過敏のない部分も含め、過敏のある部分を広い範囲で触れていき、触覚の過敏に対して徐々に身体を慣らしていきます。基本的に「①手→②前腕→③上腕→④肩→⑤頸部→⑥頰→⑦口唇周辺→⑧口の中」の順に手の平を当てていきます。

○ ポイント

　触る時は、手の平全体をしっかりと身体に当てて圧をかけます。指を動かしたり、手を動かしたりせず、真っ直ぐに手を当てます。

　口唇周辺は、人差し指の腹でしっかりと触ります。

　口の中の脱感作では指を使います。グローブをつけて、人差し指を口の中に入れ、下から上の順に「奥歯→前歯」に一定の圧を加えていきます。

人差し指の腹で唇をしっかり触る　少しずつ位置を変えていく

口唇や口唇周辺の脱感作

○ 注意すること

　脱感作は、身体の中心より一番離れている場所から順に触れていき、徐々に慣らしていきます。顔や口だけが過敏な場合は、頬から始めてもよいでしょう。

　最初は嫌がる場合がほとんどです。でもすぐに手を離さず、「1、2、……」と数を数える等ルールを決め、その間はしっかりと手の平全体を使って触れるようにします。

　脱感作を食事の前に行うと、食事＝「触られる」となり、食事まで嫌になってしまいます。脱感作は、できればリラックスしている時に、遊びを交えて行います。

手の平でしっかり触り、手は動かさない

頬の脱感作

【参考文献】

東京都保健所（2006）「乳幼児の食べる力の発達チャート」障害者のための8020生活実践プログラム・4、口腔機能発達編。

資料1　摂食・嚥下機能の発達について　① 乳児期から離乳の準備ができるまで

東京都保健所（2006）より作成

	1か月	2か月	3か月	4か月	5か月	6か月	7か月	8か月	9か月	10か月	11か月	1歳（12か月）
心身の発育	声を出す	頭を上げる	ガラガラを握る／首のすわり	指しゃぶりが始まる		寝返りをする	支えなしに座る	積み木を持ちかえる		ママママなど連続音を出す（喃語）／つたい歩き	バイバイをする	
					声の方に振り向く							

摂食・嚥下機能発達

- 哺乳反射／嚥下反射
- 哺乳反射、嚥下反射による単純な乳児嚥下
- 効率よい哺乳ができる
- 自分の意志で哺乳を行える

成人嚥下期（6〜7か月）
舌が前後に動くようになり、食べ物を口に送り、舌で喉の奥に送り込めるようになる。飲み込む時に下口唇が内側にくれ込むことが多い。口角はあまり動かない。口唇を閉じて飲み込む頸の動きが見えるようになる

押しつぶし機能獲得期（7〜8か月）
舌を上顎（上の前歯の後ろのザラザラのところ）に押しつけ、豆腐のような軟らかいものをつぶすことができるようになる。舌の前後に上下運動が加わる。数回もくもくした後、舌の動きが止まり、上下口唇がしっかり閉じて強くくびける。左右の口角が左右対称に引かれ、上下口唇が薄く見える

すりつぶし機能獲得期（9〜11か月）
舌が前後、上下のほか、左右の動きができて、指でつぶせる硬さの食物を咀嚼と混ぜ合わせ、口唇を閉じて歯または歯頸を上下動させて歯ぐきですりつぶす。
- 舌の左右運動
- 下顎の側方運動
- 上口唇と下口唇がねじれながら協調
- 咀嚼側の口唇の口角が引かれる

自食準備期（12か月〜）
座位で、目と手と口の協調運動等を通して歯や口を使う練習をさせ、口唇を閉じてまま歯で噛みちぎって食べる準備を自分でできる。

手づかみ食べ：水分を介助スプーンから一口飲みできる／水分をコップから一口飲みできる／玩具かみ

調理形態

哺乳期	離乳準備期	離乳食初期	離乳食中期	離乳食後期	自立期
母乳・ミルク	液体（果汁・スープ）	舌でつぶせる硬さ（豆腐）	舌でつぶせる硬さ（豆腐）	歯ぐきでつぶせる硬さ（バナナ）	歯ぐきでつぶせる硬さ（肉だんご）

ごはん：ドロドロ状（ポタージュ）／5倍がゆ／7倍がゆ／5倍がゆ／軟飯
野菜：軟らかくゆで、2〜3mm角に切る／軟らかくゆで、5〜7mmに切る／2cm位のスティック状にゆでる
魚、豆腐等：ゆでて小さくほぐし、スープで煮、とろみをつける／ゆでて5〜7mmに切り、スープで煮、とろみをつける／2cm位のスティック状に油で揚げる

食べ方を育てるポイント

- 平スプーンを下口唇にのせ上口唇が閉じるのを待つ。
- スプーンを下口唇にのせ上口唇が閉じるのを待つ。
- 指でつぶせる軟らかさ、形のある食物を介助者が持たせ、上下口唇が閉じるのを待つ。
- 軟らかく軟らかい食物を介助者が持ち、前歯を使ってかじりとらせ、噛み切らせる。
- 軟らかで形の大きな食物を介助者が持ち、かじりとる遊びをたくさんさせる。

資料2　摂食・嚥下機能の発達について　②離乳から食べる力の基礎ができるまで

東京都多摩保健所（2006）より作成

心身の発育	1歳0か月	1歳6か月	2歳0か月	2歳6か月	3歳0か月
	鉛筆を持ちたがる 一人で上手に立っていられる 上手に歩ける	簡単なお手伝い	4つの積み木で塔をつくる 階段をのぼる	二語文 上着などを脱ぐ	指示に従う 手を洗ってふく 1秒片足で立つ
				靴をはく	

摂食・嚥下機能の発達

自食準備期

手や腕の動きを補うようにして顔や口が動きを合わせ、自食に向けての機能を獲得する時期。顔かたずに食物を口唇の中央で捕えることができるようになる。

左右の手指を協調して使いこなせるまでには、かなりの時間を要する。

食具食べ機能獲得期

摂食機能がほぼ完成し、上手になる

①口唇と前歯で上手に食べ物を取り込む（捕食）
②臼歯で食べ物を噛むことができる（臼歯咀嚼）
③成人嚥下
④自分で食器、食具を使用し食べる（自食）

フォークを横 → 正面から入る
から取り込む

手づかみ食べ

水分をコップで飲むことができる

玩具かみ

スプーンを使う（下手でも良い）

食具食べへの発達 ↑

スプーン、フォークが上手に使えるようになる

フォークが3指握りで使えるようになったらおはしの練習開始の目安

おはしを持ちたがる
おはしの練習をします。

フォークが3指握りで使えるようにならなければ、おはしの食形態は無理でしょう。

調理形態

自立期 軟食から幼児食準備期	自立期 軟食から幼児食準備期	自立期（大人と全く同じ食形態）
ごはん　軟飯 かぶ、かぼちゃ、大根、ごぼう、にんじん、さつまいもを大きさために軟らかく煮る。	3指握りでスプーンを上手に使える練習になる形態の食物は… すくった時、ある程度まとまってスプーンにのるヨーグルトやグラタンなどプリンのような硬さのものは混ぜてあげましょう。 食べにくい物は、水分を足して軟らかくする、とろみをつける、食べやすい食品に混ぜるなどの工夫を。薄くて、歯肉や上顎にくっつきやすいわかめ、にゃくにゃくにして食べにくいいたけなどのきのこは、少し刻んで卵焼きなどに混ぜるに混ぜる。	軟食から幼児食期になる練習期 好き嫌い、遊び食べなど食事の問題が出てくるので上手に処理できないと、お菓子の食形態が楽なのでお菓子ばかり噛んで食べるようになる。

食べ方を育てるポイント

- 目、手、口の協調運動を覚える。
- スプーンを手で持ち一口量をかじりとる練習をする。
- スプーンが上手になってからフォークを使う。一口量を覚えるまで、手づかみ食べを続ける。
- 好き嫌い、遊び食べなど食事の問題が出てくるので注意する。
- 食事の食形態が難しく口の中で上手に処理できないと、お菓子の方が噛んで飲み込むのが楽なのでお菓子ばかり食べるようになる。

資料3　摂食・嚥下機能の発達について　③ ひとりで上手に食べる力がつくまで

東京都(保健所)(2006) より作成

年齢	3歳1か月	3歳6か月	4歳	4歳6か月	5歳	5歳6か月	6歳	6歳6か月
心身の発育	手を洗ってふく	ボタンをとめる	片足跳び(ケンケン)ができる　丸の模写をする	空腹・疲労・寒いの理解	三単語の定義			

摂食・嚥下機能発達

- 自分で食事ができる
- 食事中歩きまわらずに座って食べられる
- 集団での食事に関心を持つようになる

食べ機能獲得期 → **食べ機能完成期**

おはしが上手に使えるようになる

おはしでの食べさせ方の工夫
最初はフォークのように突き刺して使うこともあるが、ほめながら正しい持ち方を教えていく。正しいおはしの持ち方ができる目安は5、6歳。

歯の生え変わりによる一時的な咀嚼機能低下と口唇閉鎖機能低下
・前歯部の交換で、前歯での噛み切りが難しくなる

調理形態

自立期(大人とほぼ同じ食形態) → 自立期(大人と全く同じ食形態)

大人とほぼ同様の食事 → 大人と同様の食事

ほとんどの食品が食べられるようになるので、咀嚼が必要な食形態を組み合わせていく

歯の交換期は歯がない時期があるため噛み切り困難
前歯部：すりつぶし困難
小臼歯部：噛みつぶし困難などの理由から調理形態(硬さ、大きさ)を工夫する

食べさせ方育てるポイント

- おはしは、スプーン、フォークでの手指の動き、加力加減などがしっかり発達してできるから使いましょう。
- 食事に興味を持たせるため、きざむなど簡単な調理を手伝わせ、できることを増やす。食事は楽しく食べましょう。
- 口唇を閉じる力や頬の力が弱い時は力を付ける練習をしましょう。

第2章

障害による弱さの理解

1 知的障害特別支援学校での摂食のつまずき

　摂食指導は、肢体不自由特別支援学校では積極的に行われています。肢体不自由児の多くは嚥下に問題があり、誤嚥（気管に食べ物が入る）や窒息（喉に食べ物が詰まり空気が全く通らなくなる）といった、生死に関わる危険が身近にあるからです。

　知的障害特別支援学校にも、誤嚥や窒息の危険がある子どもはいますが、それほど多いわけではありません。家庭でも、たいていは家族と同じ物を普通に食べていて、食事の介助もほとんど必要ありません。また、知的障害特別支援学校では、通常一人の教員が一度に5～6人の子どもを指導しているため、一人一人の摂食指導に深く関わることが難しいという現状もあります。

　ここでは、知的障害特別支援学校の子ども達の摂食の課題、それを踏まえた指導の方向性についてまとめてみました。

（1）知的障害特別支援学校の子ども達に見られる摂食の課題

　知的障害特別支援学校の子ども達の多くは、嚥下は問題なくできるものの、様々な原因により「咀嚼しないまま飲み込む（丸飲み）」、「開口のまま咀嚼して飲む」、「早食べや前傾姿勢での食事（食器に顔を近づけて次々と食べ物を投げ入れて丸飲みする）」といった課題が見られます。よく噛んで丁寧に咀嚼する、食べ物をきちんとまとめる（食塊形成する）、しっかり口を閉じて飲み込む、といった摂り込みから嚥下までの1つ1つの動作をきちんと行わないまま、食べ物を処理する傾向があるといえます。

　そして年齢が高くなると、「噛まない」、「つぶさない」、「まとめない」といった傾向はさらに強くなります。その一方、「飲む力」はついていくようで、かなり大きな物でも素早く飲み込むことができます。そのため、無理に食事の形態を変えたり、食べ方を変えさせようとすると、タイミングがずれてかえってムセることもあるように思います。

　このような知的障害児に見られる摂食の課題は、肢体不自由児に見られる「嚥下反射の

弱さ」や嚥下時の神経系の不全（タイミングの悪さ）や、「過開口、舌突出、咬反射」等の口唇、舌の運動麻痺、原始反射の残存とは原因が異なる場合が多いようです。

　知的障害児に見られる摂食の課題を踏まえると、摂食指導の考え方を**表4**のように整理することができます。

表4　知的障害児の摂食指導の考え方

○ 原因
　子ども達には、全身の筋力の低下や微細な運動能力の弱さ、過敏等が見られ、それが原因となって、口唇や舌、表情筋等に運動面や使用面、協調性に何らかの弱さがある。本人の力だけでは摂食機能を改善させることが難しいため、摂食機能を十分に獲得しないまま、本人の安定する方法で摂食していることが多い。
○ 指導の方向性
　摂り込みから嚥下まで1つ1つの動作を評価し、動きが不十分なところを適切に指導して獲得させていくと、摂食機能が著しく改善することがある。特に、知的能力が高い子どもは指導の効果が大きい。また、口唇や舌を使う練習を取り入れることで、摂食はもちろん、発声・発語にも改善が見られる。

(2) 摂食時に見られる様々なつまずき

　次に、摂食時、知的障害特別支援学校の子ども達によく見られるつまずきを、主な障害種ごとにまとめました（表5）。

表5　障害種別による摂食時のつまずき

障害種	観察される状況	つまずきの原因	つまずきの結果と配慮事項
知的障害・自閉症	・舌の奥に食物をのせる。	・口唇や舌の先に過敏や意識の弱さがある。	・舌の先に食べ物をのせたり、歯の内側に食べ物を押し付けて食塊形成したりする動きの獲得が難しい。
	・口を開けたまま食べる。	・口唇の筋の弱さや意識の弱さ、口唇を十分に閉じる習慣がない。	・口腔内が陰圧にならず、嚥下反射が十分に起こらない。そのため上を向いて重力で食べ物を落とす、喉を開いて大きな塊のまま飲み込む、次の食べ物を入れ、今ある食べ物を押し込むようになる。
ダウン症候群	・舌が大きいので、舌を出した状態で食べ物を摂り込む。 ・口唇が閉じない。特に上口唇の力が弱い。 ・食べ物をほとんど噛まずに軟口蓋で押しつぶす。 ・舌を出したまま飲み込む。	・全身の筋緊張の低さから（筋緊張低下）、首や体幹が安定せず、口唇の閉じ、舌の細かい動きが難しい。嚥下に関する筋の協調性の弱さ、力の弱さからしっかり嚥下できない。 ・口唇や舌の筋緊張が低く、動きが弱い。舌の先があがりにくい。	・舌を出した状態で食べ物を摂り込み、舌を出しながら食べ物を押しつぶし、そのまま嚥下する。 ・舌の先が左右、上方向に動かず、舌全体を軟口蓋に押し付けて嚥下する。 ※嚥下に障害がある子どもの場合、無理に食形態を変え

		・嚥下反射、嚥下機能に弱さが見られる場合もある。	ようとせず、一口量を少なめにする。
脳性麻痺	・喉からヒューヒュー音がする。 ・いつも痰がからんでゼコゼコしている。 ・水分の嚥下でムセる。 ・硬い物は飲み込めない。	・咽頭や喉頭の動きが弱く、嚥下がうまくいかない。 ・上下口唇や舌、嚥下に関する筋に麻痺があり、タイミングよく嚥下できない。 ・喉頭に麻痺があったり、嚥下反射に問題があったりする。	・誤嚥や窒息になりやすい。 ※医療機関と連携し、誤嚥の有無や、適切な食形態、食べ方の指導を受ける必要がある。

2 摂食機能の評価 〜適切な食形態による支援〜

　知的障害児の摂食機能の評価にあたっては、食べ物の処理の様子や喉の動き、顔の筋肉の様子、過敏の有無、知的能力や危険察知能力を見る必要があります。以下に評価項目と評価の観点をまとめました（表6）。

　また、教員は日頃から「口を開けて、そのまま見せて」と声かけをし、子ども達は「アーン」と言われたら口を開けて中を見せることに慣れるようにしておきましょう。教員の指示により口を開けることに慣れることで、危険があった時にも対応しやすくなります。

表6　知的障害児の摂食機能の評価の観点

項目	評価の観点
姿勢	① 椅子等に腰が安定していて、床に足がついているか。 ② 上を向きすぎず、食べる時に顎が床と平行になっていて、嚥下時には顎の位置が安定しているか。
準備	① 食べ物をきちんと見ているか。 ② 適量を口に入れているか。

摂り込み	① 食べ物を摂り込む前の舌の位置はどうなっているか。 ② 舌のどこに食べ物をのせているか。 ③ 食べ物をのせる時に舌は止まっているか。 ④ 上口唇で食べ物を摂り込んでいるか。
咀嚼と食塊形成	① 舌を左右に動かし、食べ物を歯の上にのせて数回噛む動きがあるか。 ② 噛んですりつぶすことで食べ物が小さくなっているか。唾液と混ざっているか（咀嚼しているか）。 ③ 口を閉じ、舌の先に食べ物を戻し、つぶしてまとめる動きが見られるか（食塊形成しているか）。（多くの場合、噛む動きが見られてもつぶす動きが見られない。）
咽頭への送り込み	① 口を閉じて嚥下しているか。口の中の食べ物を 2～3 回の嚥下で飲み込んでいるか。 ② 歯の周りや舌の上、喉の周辺に食べ物が残っていないか。
タイミング	① 摂り込みから嚥下の動作がスムーズか。 ② 食べるのが遅すぎないか。食べるのが早すぎないか。
その他	① 危険や痛みを感じた時に、自分で伝えられるか。 ② 大人がしている動きを真似できるか。 ③ ことばでの指示を理解できるか。それを実行しようとするか。

3 食形態の決定と変更

（1）食形態とその対象

子ども達の動きや課題に合った形態の食事をすることで、摂食機能が向上するとともに、安全に食事ができます。各食形態の対象となる子どもと配慮事項を表7にまとめました。

表7　各食形態の対象と配慮事項

形態	対象	配慮事項
初期食	きちんと嚥下することに課題がある子ども	呼吸や痰の管理も必要となる子どもは、肢体不自由特別支援学校への就学が適当と考えられます。原則として、知的障害特別支援学校では初期食の提供は行いません。
中期食	形のある食べ物をつぶし、食塊形成して飲むことに課題のある子ども	舌の左右の動きが見られない、食塊形成が難しいなどの理由で中期食対応の場合、普通食では丸飲みをすることになるでしょう。普通食への移行には丁寧なステップによる指導が必要です。
後期食	噛む力、すりつぶす力をつける段階にある子ども	多くの子どもがこの段階を十分に経ずに普通食に移行しているため、咀嚼や食塊形成が十分できず、思わぬ事故が起こることも考えられます。 ここで要求される舌の先の動き、口唇の閉じ、口全体の協調した動きは発声・発語にも直結しています。日常の学習指導も含め、発声・発語を丁寧に指導することで、安全な食事や食事マナーの向上、きれいな発声につながります。

（2）摂食相談

食形態は、子どもの摂食能力を評価し、年齢、知的能力（主障害）、家庭の食形態、療

育経験等を考慮して決定します。通常、肢体不自由特別支援学校では小学部1年生の時に、学校で提供する給食の食形態や摂食指導の在り方について「摂食相談」を行います。

　摂食相談では、日常の食事や就学前の施設での食事について、保護者や施設の方から聞き取り等を行い、その上で、できれば保護者にも参加してもらって、小児科医師や歯科医師、言語聴覚士等による相談を行い、その子どもの課題に合った食形態や食べ方を決定します。嚥下に障害があると判断された場合は、摂食外来の受診を勧められ、食形態の決定、食形態の変更も医療機関と連携して行います。

　肢体不自由特別支援学校で行われているように、知的障害特別支援学校でも小学部1年生の時に摂食相談を行うようにすれば、早い段階から摂食機能の向上が見込まれると思います。

（3）食形態の変更　～摂食相談後の評価と見直し～

　小学部1年生の時に摂食相談を受け、継続した指導を行った後、適切な時期に摂食能力の評価と食形態の見直しを行います。食形態の変更は、表8に示した原則のもとに行われますが、生活年齢と家庭での食事、知的能力、保護者の希望、お試し食を食べる様子等を考慮して図3のような流れで行います。

　なお、形態食（特別食）を提供していない学校でも心配はありません。普通の食事でも、豆腐や卵料理、シチューの中身は形態食になります。形を小さくしたり、つぶしたり、とろみのついたシチューを啜らせたりするなど、少し手間をかければ十分に対応できます。

表8　食形態変更に際しての原則

---

① 給食は、家庭での食事よりも安全な物を提供する。
　　学校での給食では、家庭で食べている物の範囲で提供します。
　　　〇 家庭で普通食 → 学校では後期食、上手になったら普通食
　　　× 家庭で後期食、軟飯 → 学校では普通食

② 重度重複障害、脳性麻痺、喉頭軟化症等で嚥下に課題のある子どもは医療機関と連携する。
　　後期食や普通食への移行は簡単ではありません。医師や言語聴覚士等のリハビリスタッフ、医療機関と相談して食形態や食べさせ方を決定してください。

③ 後期食から普通食への移行は、保護者と協力して行う。
　　後期食から普通食へ移行する際は、よく噛み、咀嚼することが課題となります。保護者と協力し、スナック等の噛みやすく、嚥下しやすい普通食を家庭で食べて練習してもらうのもよいと思います。

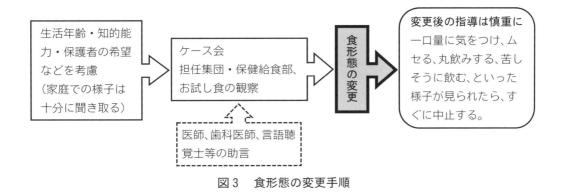

図3　食形態の変更手順

　また、参考までに知的障害特別支援学校で食形態を見直す時期の目安を示します（表9）。顎の発達が盛んになる時期、進学の前には食形態を見直し、見直し後、最低1か月間は安定して食べられることを確認します。

表9　食形態の見直し時期

時期	配慮事項
小学部3年の1～2学期	**前歯も生え揃い、顎が発達する時期** 　小学部1年の摂食相談で、家庭食よりも形態を下げたケースで、①口の動きに改善が見られた、②口の動きに変化が見られず、食形態や指導方法を変更した方がよい、といったケースを整理します。歯が生え変わり、顎の発達が盛んな時期なので、噛む動きを獲得するために、食形態の変更を検討することもあります。
小学部6年の1～2学期	**中学部進学に向けて、食形態を確認する** 　中学部入学にあたり、①口の動きに改善が見られた、②変化が見られず食形態や指導方法を変更した方がよい、といったケースを整理します。この時期では普通食を目標としますが、中学部に引き継ぐ課題についても整理し、形態食対応の場合は注意点を明確にしておきます。
中学部3年の1～2学期	**高等部進学に向けて、食形態を確認する** 　高等部段階の進路実習等を考え、多くの生徒が普通食を目標とします。形態食での対応の場合、注意点等を整理します。

（4）食形態変更後の対応　～1週間は要注意！～

　食形態を変更してから1週間は、担任教員は、特に注意して子どもの食べる様子を観察する必要があります。ムセる、丸飲みする、苦しそうに飲む、といった様子が見られたら、すぐに元の食形態に戻します。

　また、一口の量は喉の大きさ（スプーン半分程度）に調節し、口の中に詰め込まないように指導します。普通食であっても、食べ物は喉の大きさより小さくなるよう1センチ角程度に刻みます。

　食形態を変更してしばらくは、無理して口を閉じる、箸を持たせるなど課題を増やすこ

とはせずに、まずは新しい食形態の食べ物を安全に処理するように指導します。

　できれば、食べている途中と食べた後に、口の中の食べ物の様子を確認し、きちんと処理されているかを確認してください。

　噛んでいるように見えても食べ物の形が変わっていない、食べた後に舌の上や歯の上に大量に食べ物が残っている場合は、十分に処理できていないことになります。

　特に、ダウン症候群の子どもの場合、口が閉じている時に舌を上手に動かせないことが多く、見た目には噛んでいるような口の動きをしていても、実際には処理できていないことがあるので注意してください。

　子ども達は少々食べにくくても、「おいしい」「大丈夫」と答えることがほとんどです。担任教員は、子ども達のことばを鵜呑みにせず、子ども達の食べる様子や口の中をしっかりと見て、判断してほしいと思います。

4　これは危険！　知っておくべきこと

（1）窒息

　窒息は、喉に食べ物が詰まり、空気が通らなくなった状態です。窒息には主に次の3つのケースが考えられ、知的障害児の場合、②と③が多いようです（表10）。

表10　窒息の状態と予防法

窒息の状態	予防法
① 嚥下がうまく行えず、喉（喉頭周辺）で食べ物が留まったり、気管に食べ物が入ったりする場合。食べ物を出すために強く咳込む。	・ベタベタした物、おいものようにもそもそした物等飲みにくい物は、水分と一緒に少量ずつ食べるようにする。 ・ムセが繰り返し見られたら、一度食事を止めて状態をよく見る。食べるスピードを落としたり、食べ物をつぶしたり水分と混ぜたりして、食べやすい形状にする。
② 食べ物を詰め込みすぎて喉が大きく開き、気管を圧迫し、結果的に空気が喉を通らなくなる場合。	・一口の量に気を付け、口の中の食べ物がなくなったら次を食べるように促す。
③ 食べ物を十分に噛まず、喉の大きさのまま飲み込み、喉で留まった場合。	・よく噛むように伝え、うまく噛めないことが予想されたら、食べ物を喉より小さく（1センチ角以下に）切る、つぶす等して提供する。

※　注意!!　窒息しやすい食べ物

コンニャク…表面がつるつるなので喉に入りやすく、かつ喉から取り出しにくい。

パン…詰め込むと喉に留まりやすく、喉の中で唾液等の水分を吸ってどんどん膨らみ、気
　　　道を圧迫する。

おもち…よく伸びるので、しっかり嚥下しないと喉におもちの一部が残り、ムセ続けるため空気が吸えなくなる。粘膜にはり付いてその場所に留まってしまう。

（２）口唇閉鎖の指導

口唇閉鎖の指導は段階的に行います。

知的障害特別支援学校では、食事マナー獲得のために、口唇閉鎖を促す指導がよく行われます。嚥下時の口唇閉鎖は大切ですが、後期食の始めは、顎の動きと舌の動きが分離していないため、口全体を動かして食べ物を処理しています。この時期、無理に口唇閉鎖を促すと、舌が十分に動かせず、食べ物を咀嚼せずに押しつぶして飲み込もうとしてしまい、かえって危険です。咀嚼の様子を確認するためにも、口唇閉鎖は段階的に指導していきましょう。

5　摂食指導と言語指導

知的障害特別支援学校での摂食の問題は、摂食に関連する口腔の機能だけではなく、認知発達、社会性、全身の動きと結び付けて考えていく必要があります。

特に、次章で述べる言語指導は摂食指導と密接な関係にあります。ですから、知的障害特別支援学校の摂食指導を考える時は、口腔機能だけを見るのではなく、言語面での評価と関連付けて、指導の方法や指導の内容を考えていってください。

第3章

摂食機能を高める言語指導

1 なぜ言語指導か

(1) 発声・発語と食べることの関係

　ことばの獲得には、知的な発達や運動、社会性、情緒といった多くの面での育ちが必要です。知的障害特別支援学校の子ども達の多くは話しことばに課題があり、子ども達が話せない理由は、知的発達や社会性の弱さにあるだろう、と考えられていました。でも、子ども達の様子を見ていると、話したいことがあり、伝えたい気持ちもあるのにうまくことばにならない、発音が不明瞭になるといった、いわゆるスピーチ（話し言葉）につまずいている場合がほとんどです。「上下口唇、舌の動きが緩慢」であったり、「口唇や口角をほとんど動かさなかった」り、「口唇や舌、息等を協調させて使うことができていなかった」りしています。ダウン症候群では、言語表出より言語理解が得意といわれています。

　そして、上下口唇や舌、息のコントロール、表情筋（表情を作る筋肉）を動かす練習をすると、はっきり発音できるようになることがよく見られます。口の動きは発音だけでなく、食べることにも影響を与えます。発声の練習と食べることの関係を見ていきましょう。

● 「タ行」「ラ行」

　舌の先が動くと、「タ行」や「ラ行」を発音しやすくなるとともに、食べ物を奥歯にのせられるようになり、噛む力もついていきます。

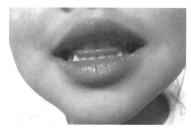

タ行　舌の先を前歯の後ろにつけ勢いよく離します

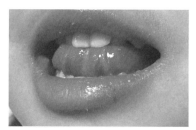

ラ行　舌の先を軟口蓋の近くまでもちあげ、弾ませます

● 「パ行」「マ行」

　口唇が閉じるようになると、「パ」や「マ」が言えるようになり、食べ物もこぼれにくくなります。

● 「サ行」

　歯の間から舌を出せて、口唇をすぼめられるようになると、「サ」や「ス」が言いやすくなり、水分を吸うことも上手になります。

● 「カ行」「ガ行」

　「カ」や「ガ」は喉の奥に力を入れて出す音です。ブクブクうがいの練習は、「カ」や「ガ」の音の練習でもあります。

● 「ヤ行」「ワ行」

　ヤ行の「ヤ」は「イ・ア」と2つの音がつながった音です。「ワ」も「ウ・ア」がつながった音です。「ヤ行」の練習は、舌を後ろにずらしながら息がうまくぶつかるところ（調音点といいます）を決めていく、「ワ行」の練習は、口唇のすぼめを開きながら息を出すことが必要で、舌や口唇のスムーズな動きの練習になります。

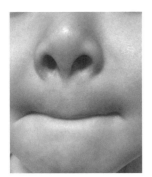
パ行・マ行　上下口唇をしっかり閉じます

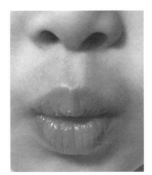
サ行　歯と歯のすき間から息を出します

カ行・ガ行　喉の周辺に力を入れます

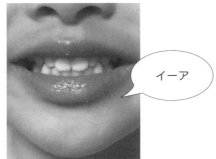
ヤ行　「イ・ア」と発音します

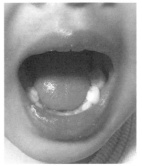
ワ行　「ウ・ア」と発音します

（2）発声・発語の練習の在り方

　子ども達が、自分から積極的に口を動かす練習をすることは難しいでしょう。そもそも、どのように口を動かしたらよいかわからない子どもがほとんどなので、授業の中でうまく発声・発語の練習を取り入れて、楽しみながら口を動かせるようにする必要があります。

　大人の人の中には、「サ行（s）」を話す時に舌が見える人がいます。鼻に息が抜けて少し鼻音化している人もいます。ことばは、本人が困らない程度に話せればよいので、必ずしも正しい音、正しい口形でなければいけない、というわけではありません。

　障害によって、どうしても出しにくい音があることは少なくありません。発声・発語指導も、本人に負担をかけすぎないように、「少々違っても、聞こえやすくなったからいいね」という気持ちで楽しく行ってください。

2　障害によることばのつまずき

　言語指導を実施する時には、個々の子どもについて、口の動きや全身状態、知的発達や社会性を評価して指導を進めますが、ここでは障害別に、発声・発語でつまずきやすいところを紹介します。

● ダウン症候群、重度重複障害の子ども

　ダウン症候群や重度重複障害の子どもの多くは、全身の筋の緊張が低いことから、上下口唇（特に上口唇）の動きや閉じる力が弱く、舌の先の動きが緩慢で、発音が不明瞭になりがちです。口唇がしっかり閉じないと「マ」の発音は難しく、口唇に一瞬力を入れて素早く開けないと「パ」は言えません。「タ」は舌の先を上前歯の後ろにつけ、瞬時に力を入れて発音します。

　口の周りの筋肉を使って発語するので、ある程度筋肉を鍛える運動が必要です。特に、ダウン症候群の場合、舌の筋緊張が低く、舌の先があがりにくいようです。指導者が意識して、よい姿勢をとるよう促し「舌を上の唇につけよう」「舌を左右に動かそう」と声かけをすることが大切です。

● 中程度〜軽度の知的障害の子ども

　知的障害の子どもの多くは微細な操作が苦手です。口周辺の動きを見ても、口を閉じて舌だけを動かすことが難しい、鼻を使わず口のみで息を吸う、舌が上下や左右に動かない、舌の先が前に出ない、といった様子が見られます。ことばはわかっているのに、声にならない子どももいます。

　口唇や舌の正しい使い方、力の入れ方、息の出し方を練習していくことが必要です。

● 自閉症の子ども

　自閉症の子どもには、彼ら特有の鼻に抜けるような甲高い声や、ブツブツと途切れるような発声が多く見られます。自閉症の子ども達には、聴覚に過敏があることが多く、まず、音の聞き取りが十分ではないことが考えられます。また、口唇や舌のように神経が集中しているところも過敏になりやすく、触覚過敏で口唇や舌を使わないようにしている子どももいます。体の動きが硬く、喉に力が入りすぎると、ブツブツ途切れる声になります。

　過敏をとる（脱感作）、息をスムーズに出す、音を復唱する、といった指導が必要です。

3　50音の聞き取りと発声練習

（1）聞き取ることの難しさ

　知的障害特別支援学校の多くは、「朝の体育」に、体操やダンス、マラソンを取り入れています。集団活動を学ばせたいから、体を動かすことが苦手な子どもが多いから、気持ちをすっきりさせるため——理由は様々ですが、日々の「朝の体育」が、子ども達の心を安定させ、体を育てていることは確かでしょう。

　同じように、ことばも繰り返し練習することで、発音が明瞭になるだけではなく、聞く力をつけ、表情を豊かにし、姿勢をよくしていきます。

　ことばは、大人や友達の話すことばを、「音（例えば傘：カ・サ）に分解して聞き取り」、「発音している口の動き見て」獲得していきます。そして、知的障害特別支援学校の子ども達にとって、普通の話しことばは聞き取りにくく、口の動きも早すぎるので、日常生活の中だけでことばを覚えることは、簡単なことではありません。

　例えば、「黄色い紙を取ってください」と言った時は、「キ・イ・ロ（kiiro）」と発音するわけではなく、「キーロ（ki-ro）」のように次の音と重なりあって発音されます。口の動きも、口角をあげた本来の「イ」の発音ではなく、「ロ」が簡単に出るように、口角をあげないまま「キーイ」と音を伸ばして発音します。

　話しことばは、連続して音を出しやすいように、次の音を意識し、口形を崩して発音します。日常生活の中で、「キ・イ・ロ」と区切って発音することはまずないのですが、赤ちゃんは、それを聞きながら50音に分解し、似たような音を出していきます。

　でも、知的障害特別支援学校の子どもにとって、日常なされる「話しことば」は、次々と耳に入り、わかりにくくて、「フワフワ」と聞こえているように思います。

例えば、ダウン症候群のA君は、「お味噌汁を取って」と言われ、「お味噌汁」を取れるので、きちんと聞き取れているように思えます。でも、「先生は何て言ったのかな？」と聞き直すと、「汁・シル」とは言えても「おみそ」のところは言えません。

このように、知的障害特別支援学校の子ども達の多くは、生活の中ではことばの一部を聞き取って、場面に応じて行動できます。でも、実際には「ことばの一字一字をきちんと聞き取っているわけではない」ことがたくさんあります。「行動できる ＝ ことばで正しく理解している」ではないことを、知っておいてください。

（2）先生の発音が大切!!

私たちの話し言葉は、50音といわれる晴音が基本です。まずは先生方が50音を明瞭に話せることが必要です。子ども達は先生の発音を聞き、口の形を真似て話し言葉を覚えます。ですから、知的障害特別支援学校の先生方には、ぜひ正しい発音と口形を覚えてほしいと思います。

その上で、子ども達の話しことばを育てるためには、50音をしっかりと聞き取り、真似て話す練習が有効です。後で紹介するような「50音練習」を行ってみてください。上手に話せない子どもも含め、皆で立ち上がってよい姿勢を作り、先生が話す50音を真似て、「あ」「い」……と声を出す練習をすると、子ども達はもちろん、先生方の発声・発語も変わっていきます。

50音は、高等部生徒の面接の練習にもなります。

就職のための面接の時期になると、高等部の先生から、「ことばがうまく出ないから出せるように」、「声が小さいから大きくしてほしい」といった相談を受けます。

先生を真似て発声練習

誰でもそうですが、知らない人と向き合って話す時は緊張します。まして、就職のための面接では緊張するのは当たり前です。

ことばは、緊張すると出にくくなります。緊張すると全身に力が入り、顎にも力が入って、空気が喉をうまく通れなくなるからです。空気がうまく通れないと、いくら口を動かしても声になりません。うまく声が出ないと「何とかしなければ」と思い、ますます緊張して声が出なくなります。

就職の面接時期に、慌てて「リラックスして声を出そう」と練習しても、すでに生徒の体も表情もコチコチ。それでは

緊張してことばが出ない

ことばの指導をしても、なかなかうまくいきません。

　ことばを出すためには、ことばの出やすい身体、喉を作っておくことが必要です。次ページの「50音練習」を行ってみてください。話しやすい身体や姿勢、口の動きや呼吸ができるようになり、見違えるほど声が出るようになると思います。

4　発音の評価と支援

（1）ことばのチェックシート

　本格的な発音の評価は言語聴覚士の専門分野ですが、学校でも簡単な発音の評価はできます。

　話しことばを評価する時は、「ア」「カ」と聞き取るのではなくて、「ア（a）」「カ（ka）」とローマ字表記に置き換えて聞いていくと、どの音が苦手なのかがわかってきます。

　「アイウエオ（aiueo）」の母音と、「kstnhmyrw」といった子音のどこが弱いのかをチェックし、重点的にその音を練習するのが発声・発語指導の基本です。

　49ページに「簡単にできることばのチェックシート」を載せました。以下の使い方を参考に、発音の評価をしてみてください。

「簡単にできることばのチェックシート」の使い方

① 静かな部屋で、子どもと1対1で向き合います。

② 50音がわかる子どもには、「これをゆっくり読んでください」と読むように促します。

③ その後で、「先生が読んでみるから、真似して話してください」と、先生のことばを復唱するように促します（50音が読めない子どもは、復唱から始めます）。

④ 間違えた音があったら、「先生の真似をして、もう1回言ってみようか」と促します。

※ 発音が難しい音、歪む音、他のことばに変わる（置換する）音等を記していきます。できればどう変わるかも書いてください。

※ 何度も聞き返すと話すのが嫌になってしまうことが多いので、聞き返しは2回程度にします。「少し口の体操をしてみようか」と口の動きを確認するのもよいと思います。

　発音が難しい音は、聞き取れていない、うまく口形を作れない、口がうまく動かない、といった理由が考えられます。口唇や舌の動きをよく観察するとともに、音が弁別できているかを調べていきます。

　発音が歪む音は、口の動きが十分ではない、よく聞き取れていない、どうやって発音したらよいかわからない、といったことが考えられます。指導者が口の動きを見せて一緒に

50音練習のやり方

1 「では、これから50音練習をします。気をつけ。礼」（立って行います）

2 「まず、天井に届くくらい高く手をあげてください」
「そのまま10秒止まります」（先生方が子ども達の手首を軽く引き上げる）

3 「手をさげて、姿勢をよくします」
「大きく深呼吸を2回します。ゆっくり息を吐いてください。1、2、……、9、10」

4 「50音を言います。先生の話すことばについてきてください」

5 「あ・い・う・え・お」「はい」（復唱させる）

6 「か・か、か・き・く・け・こ」「どうぞ」（復唱させる）

7 「さ・さ、さ・し・す・せ・そ」（復唱させる、以下続ける）

8 「では、今日のことば練習です」
「今日は、『ありがとうございます』を練習します」
「ありがとうございます」（復唱させる）

9 「以上で、50音練習を終わります。きょうつけ。礼」

（子どもが先生役をしたり、子どもが見本を見せたりしても面白いですね）

○ 簡単にできることばのチェックシート

学年				組		名前			評価者		
		k 軟口蓋破裂音	s 歯音摩擦音	t 歯音破裂音	n 歯音鼻音	h 声門摩擦音	m 両唇鼻音	y 硬口蓋半母音	r 歯音はじき音	w 両唇半母音	
あ	a	か ka	さ sa	た ta	な na	は ha	ま ma	や ya	ら ra	わ wa	
い	i	き ki	し shi	ち chi	に ni	ひ hi	み mi		り ri		
う	u	く ku	す su	つ tsu	ぬ nu	ふ fu	む mu	ゆ yu	る ru	を wo	
え	e	け ke	せ se	て te	ね ne	へ he	め me		れ re		
お	o	こ ko	そ so	と to	の no	ほ ho	も mo	よ yo	ろ ro		ん n

		g 軟口蓋破裂音	z 歯音摩擦音	d 歯音破裂音	b 両唇破裂音	p 両唇破裂音
あ	a	が ga	ざ za	だ da	ば ba	ぱ pa
い	i	ぎ gi	じ zi	ぢ di	び bi	ぴ pi
う	u	ぐ gu	ず zu	づ du	ぶ bu	ぷ pu
え	e	げ ge	ぜ ze	で de	べ be	ぺ pe
お	o	ご go	ぞ zo	ど do	ぼ bo	ぽ po

発音が難しい音	記入例 su（ウになる）
発音が歪む音	記入例 ri（イのような音）
発音を置換する音	記入例 shi → chi
そ の 他	

【覚えてください!!】
ローマ字記号の下にある、「軟口蓋破裂音」といったことばは、空気を当てるところ（調音点といいます）がどこかを示しています。どこに息を当てるか、どのように息を出すかを理解しておきましょう。例えば、「k」は「軟口蓋破裂音」です。これは、息を軟口蓋に、破裂するように勢いよく当てて出す音、という意味です。「s」は「歯音摩擦音」です。これは、歯に息を当てて持続して出す音、という意味です。50音を話す時も、どこに、どのように息を当てていくかをイメージしながら話すと、きれいに音が出るようになります。

摂食機能を高める言語指導

発音すると、改善することがよく見られます。
　発音が置換する音は、口の動きが十分ではなく他の音を出している、音を間違えて覚えている、といったことが考えられます。歪む音と同様に、口の動きを見せて、一緒に発音していくとよいでしょう。

(2) 話しことばを練習しよう

　ここでは、話しことばの練習の例を紹介します。「ことばのチェックシート」で苦手な音が見られた場合は、個別指導等で発音練習を取り入れてみてください。
　練習する音の順番としては、「復唱を促すと、発音が改善した音」から始めてください。復唱で改善した音は、しっかりと音を聞き取れば発音できた音なので、口の動きはある程度できている音です。
　定着するにはしばらく時間がかかるかもしれませんが、きっとうまく発音できるようになると思います。

● ア行の練習

　母音といわれる「ア・イ・ウ・エ・オ」は、舌の高さと上下口唇の閉じ、口角の動きで発音します。子ども達が真似できるように、しっかりと口の形を作り、発音します。

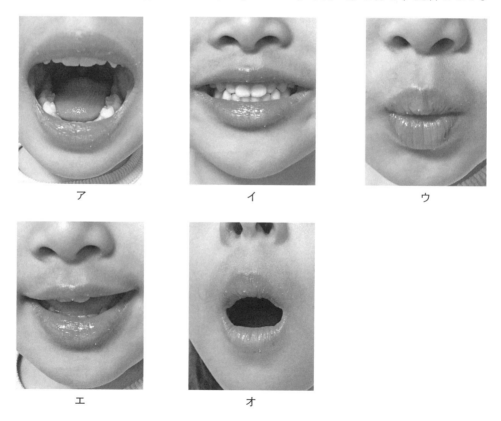

ア　　　　　イ　　　　　ウ

エ　　　　　オ

● カ行の練習

　カ行音は、息を軟口蓋にぶつける音です。息を後ろの方に持っていくために、意識を喉に向けるようにすると、発音しやすくなります。

　子どもの顎の下を軽く触り、「この辺りに力を入れるよ」と言ってから発音してみせます。「ク・ク・ク」と舌を引きながら音を出してみせてもよいでしょう。

「ク」と言ってごらん

● サ行の練習

　サ行音は、歯と歯の間から、息を少し出してから発音していきます。指導者が歯と歯の間から息を出してみせ、「『ス』と言ってごらん」と息を出すように促してください。

「スー」だよ

● タ行の練習

　タ行音は、舌の先を上前歯の後ろにつけて素早く離します。指導者が舌の先を上前歯につけたところを見せ、同じようにつけるよう促してください。

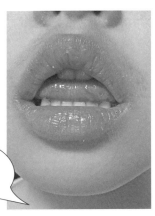

舌の先を前歯の後ろにつけて、「タッ」

● ナ行の練習

　ナ行音は鼻音といい、鼻から息を出しながら発音します。口唇を閉じさせて、鼻の下辺りに力を入れて「ウー」と息を出し、「ナ」と発音させてください。

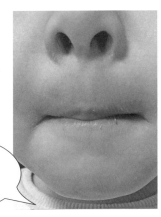

鼻の下に力を入れて、「ウーナ」

摂食機能を高める言語指導

● ハ行

　ハ行音は、口を開け、舌の位置と口唇のすぼめで音を変えていきます。喉に力が入れば比較的出しやすい音ですが、「フ」の時に口をすぼめない子どもがいます。しっかりと口をすぼめるように促しましょう。

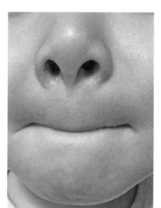

「フ」は口を
すぼめてね

● マ行の練習

　マ行音は、上下口唇をしっかりとくっつけて離しながら発音します。上下口唇をしっかりとつけた状態で鼻から息を出させます。それから「マー」とゆっくり上口唇と下口唇を離します。「マ」は言えるのに「パ」は言えない子どもは、上下口唇に十分に力が入らないことが多いです。指導者が上下口唇に思い切り力を入れてみせ、「ンーパ」と開いてみせると言えることがあります。

　また、上前歯で下口唇を嚙んで「マ」を出す子どもがいます。上下口唇の閉じが弱い子どもに多く、歯が前に出やすくなります。水分をストローで啜ったり、笛を吹いたりして上口唇を下げる練習をしてみてください。

「ンーパ!!」

● ヤ行の練習

　「ヤ」は「イ・ア」と分けて発音すると、きれいな音になります。「イーア」と発音させ、だんだん早く話すように促すと音が出やすいようです。

「イー」

「ア」

● ラ行の練習

　ラ行音は、舌の先を軟口蓋に近づけ、思い切り振りおろす時に出る音です。舌の先があがらない子どもは、まず「タ行」で舌をあげる練習をし、「タ行」が言えたら、「もうちょっと舌をあげて、勢いよく舌をさげるよ」と舌を動かしてみせ、真似するように促すとよいでしょう。

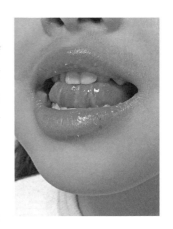

● ワ行の練習

　ワ行音は、「ウ・ア」「ウ・オ」と、口をすぼめて「ウー」と言ってから「ウーア」と続けるように促してください。

「ウー」

「ア」

（3）個別的な話しことば練習の実際

　話しことばの練習場面を紹介します。

● 声を出して楽しもう

　まずは、遊びながら声を出します。

T：もしもし、Aさんですか？

C：はーい、はーい

● 肩を下げよう

　肩の力を抜くことも大切です。

T：肩を…

T：さげる
C：こうだね

● 声を出してみよう

　一緒に声を出していきましょう。口の動きをよく見せていきます。

T：いくよ、「ア」
C：「ア」

T：もっと息を出そう。こうだよ、「アー」
C：うんうん

T：「アー」
C：「アー」

T：「ウー」。口をすぼめてね
C：「ウー」

T：「んー」
C：「んー」

T：「マ」
C：「マ」

● 「ラ」は舌が決め手

舌を思い切り出して、少しずつあげていきます。

T：「ベー」舌をたくさん出すよ
C：えへへ。「ベー」

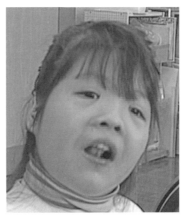

C：ほら、「ラー」だよ

● あいさつも大切

毎日のあいさつにも言語指導を取り入れましょう。

T：はじめま〜
C：は…

T：「す」
C：「すー」

● よく聞いてね

聞く力を育てることも大切です。

T：次は、「マド」

C：「マード」
T：「マード」当たり

C：ほら、あそこ
T：どこどこ、あったー

● おままごとは楽しいね

　子ども達はおままごとが大好き。生活を再現する遊びは、言葉の指導においても大切です。

　場面に合わせて、動きに合わせてたくさんおしゃべりをしていきましょう。

T：くしで、髪の毛をとかして
C：うん、うん

T：きれいになったかな？
C：見て見て〜

T：トントン、ねんね
C：トントン、うふふ

T：…はよー
C：おはよー。朝だよー

5　集団で行う発声練習

クラスや小集団で楽しみながら行える発声練習を考えました。

（1）発声練習の準備　～まずは体を伸ばそう～

① 立って思い切り伸びをしよう

　立ち上がり、両手を思い切り高く伸ばし、伸びをします。その時に、後ろから少し先生が腕を引くように伸ばすと、腰のあたりに力が入り、全身がピンと伸びて良い姿勢になります。

② 頸を回そう

　頸をグルグル回し、肩を落とします。

　頸をゆっくりと大きく、右から左へ2回、左から右へ2回します。

③ 肩を回してあげさげしよう

　「いーち、にーい、さーん」と言いながら、前に向かって3回、後ろに向かって3回、ゆっくりと肩を回します。さらに肩を上下に動かして、最後に思い切り肩をあげ、「せーの、ストン」で落とします。

　これで、発音練習をするいい姿勢ができあがりました。

（2）遊びや生活の中でやってみよう

1）大きく息を吐こう

　息は「ことばの元」になるものです。たくさん吐き出すことで、たくさんお腹に入ります。息を吹く練習は、たくさん息を吸う練習、お腹に力を入れる練習、口唇や舌の先に力を入れる練習になります。

① 風船を膨らませるよ
　思い切り息を吹き込んでみましょう。

② 風船吹き相撲で対決
　落ちた方が負けだよ!!

③ おもちゃや楽器を使おう
　風車、まき笛、鍵盤ハーモニカ、笛……。ハーモニカは、吸ったり吐いたりできます。

2）頬を伸ばそう

口の形を作る、笑う、食べるためには頬の力が必要です。身近な物を使って、頬の動きをよくする練習をします。ただし、口に物を入れる時に、口の中を傷つけることもあります。心配な子どもは、大人がしてあげるか、しっかり見守りながら取り組ませるようにしてください。

① 歯ブラシを使って頬を伸ばそう

口の内側から押し出すように、頬を伸ばしてみましょう。

② 棒つき飴を使って頬を広げよう

口の内側から、上下、左右に広げるように頬を伸ばしてみましょう。

③ 指を使ってマッサージしよう

頬がカチンコチンで動かない子どもがいます。そうした子どもには、指を使った頬のマッサージが有効です。グローブをつけ、口の中に親指を入れて、頬をゆっくりと伸ばしていきます。口の中に手を入れるので、保護者の了解をとった上で行った方がよいでしょう。

3）吸って遊ぼう

「スー」という音は、上の歯と下の歯を狭め、舌を歯に近づけながら、歯と歯の間から息を出す時に出る音です。吸う遊びは、「ス」に近い口の形の練習になり、口唇の動きをよくし、舌の先を浮かせる練習になります。

① ストローを使って吸ってみよう

　いろいろな長さ、太さのストローを使って、吸う練習をしましょう。サラサラの水や濃厚なジュース、いろいろな物を吸ってみましょう。強く吸うには軟口蓋に力を入れる必要があります。

② 下口唇にスプーンをのせて、上口唇で啜ってみよう

　舌の先が下口唇より出ていたら、スプーンで押し込むようにします。

4）すすぎとうがいも大切

　口唇の閉じがよくなり、口の中のいろいろな筋も動かせて、喉の力も強くなります。

① ブクブクすすぎをしよう

　口に水を含み、音がするくらいに口の中でたくさん動かしましょう。

② ガラガラうがいをしよう

　口に水を含み、音がするくらい喉に力を入れましょう。

（3）口の体操1・2・3

　みんなで楽しみながらできる練習です。朝の活動でぜひ取り組んでみてください。

1）口唇を動かそう

① 突き出すよ

　「くちびる」をできるだけ前に出します。

② 出して広げて

　「くちびる」を頬に引く・前に出す、を交互に行います。

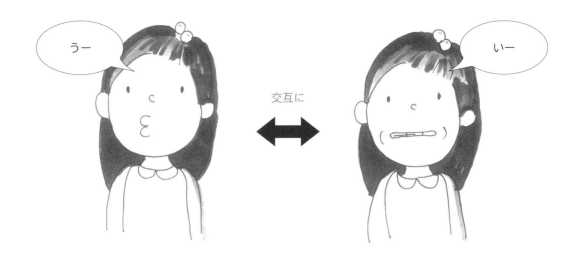

③ 閉じて、開いて
　口を開ける・閉じる、を交互に行います。

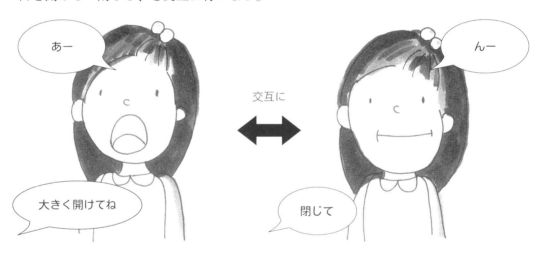

2）頬を動かそう
① 頬をマッサージしよう
・手で頬を押さえてグルグル回しましょう。

・口に指を入れて、横に引こう。

② 頬を膨らませよう

口の中に空気をたくさんためて、頬を思い切り膨らませましょう。両手で頬を押し、「プ」と音が鳴ったら合格です。

3）舌を動かそう

① 舌を出そう

「べろ」を思い切り突き出して、そのまま上を向いて3秒数えましょう。

② 舌をあげよう。

　「べろ」を鼻の方にあげて、上口唇を「べろ」の先でなでてみましょう。ジャムを上口唇につけて、なめるのも楽しいですね。

　「ツツツ」「タタタ」「ラララ」と舌の先を使う声をたくさん出すのもよいと思います。

③ 舌の先に力を入れよう

　「飴玉のほっぺ」は舌の先に力を入れる良い練習です。「大きな飴玉」を作ってみましょう。

④ 舌をおいておく場所を覚えよう

　舌は、前歯の後ろ辺りにつけておきます。そうすることで、食べ物を食べようとする時は、下前歯にきちんとくっついて、食べ物を舌の先で受け止められます。

　ダウン症候群の子どもの多くは、舌の先が下の歯についていて、上にあがりません。ちょっと行儀が悪いかもしれませんが、舌の先で上前歯の後ろを触って「チュチュ」と音を出す練習や、舌の先を軟口蓋に当てて「トゥトゥ」と音を出す練習を積極的に取り入れてみてください。

　ここで紹介した発声練習を、各クラスで行っている平仮名指導や文字指導と組み合わせて、発音練習、聞き取り練習、復唱を積極的に行ってください。

あとがき

　ある女の子との出会いをきっかけに、知的障害特別支援学校での摂食指導や発話指導を考えるようになりました。
　当時、小学部2年生だったAさんは、怪我をして知的障害特別支援学校から肢体不自由特別支援学校に転校してきました。
　給食では、少し形のある後期食を、舌を口から出しながら飲み込んでいました。マカトンサインという身振りサインがわかり、「ドアが開きます」を身振りで伝えることができるのに、声を出すことはありませんでした。
　時に目に涙を浮かべながら、食パンをそのまま飲み込んでいる様子は、当たり前のように摂食指導を行っていた私にとっては衝撃的でした。
　水分を口唇で啜る練習をして、軟らかい食べ物を口唇でつぶす練習をし、歯の上に噛みやすい物をおいて噛むように促すと、1週間でAさんは、つぶしたり、軽く噛んだりするようになり、舌を出して飲むことはなくなりました。
　発話指導では、口唇をギュッとすぼめて勢いよく開けて「パ」と言うように促すと、私の顔をよく見てから、同じように唇をすぼめ、勢いよく口を開いていました。3回目には「パ」と声が出ました。
　「家で突然『パーパ』『マーマ』と言ったので、とても驚き、うれしくて涙が出ました」とお母さんの連絡帳に書いてありました。声が出せるようになってから、Aさんは声を出して笑うようになり、表情も穏やかになっていきました。
　皆がAさんのようにすぐに変わるわけではありませんが、知的障害特別支援学校でも摂食指導や発話指導の視点は大切だと思いました。

　ただし、摂食指導も発話指導も楽しみながら、ゆったりと行ってください。

　給食の時間は、学校生活の中で、多くの子ども達が一番楽しみにしている時間です。「自分の食べ方で、おいしく食べたい」。食事はその人がその人らしく過ごせる大切な時です。
　そして、ことばはうまく伝わらなくても、おしゃべりは楽しいもので、誰でも自由に声を出したいはずです。
　ですから、「将来窒息したら危ないから、厳しく子ども達に教えなくてはいけない」。そんな風には思わないでください。

ただし、あまりに早く食べる、たくさん詰め込みすぎる、噛まずに飲み込む、といったことは、窒息の危険があるだけではなく、将来社会に出た時、誰かと一緒に食事を楽しむことが難しくなります。また、口唇や舌を使わないでいると、きれいに話すことはできません。

　「よく噛むといろいろな味が楽しめる」、「少しずつ食べると飲み込みやすい」、「人と話しながらゆっくり食べると楽しい」、「口唇と舌の先をたくさん使うと、話すことも上手になり表情も豊かになる」。子ども達にそういったことを知ってもらうためにも、摂食指導をしてもらいたいと思います。

　ですから、子ども達が話している時に、「もっとしっかり口を開けて」、「『ラ』はもっと舌をあげて」と話をさえぎってまで発話指導をするのはやめてください。

　一番大切なのは、伸び伸びと自分の考えを伝えることです。

　ただ、せっかく伝えているのに聞き手が十分わからないともったいないので発話指導をします。

　「食べ物を舌の前の方においてみたら？」「『くちびる』でこんな風に啜ってみて」「舌をあげてさげてごらん、こんな風にね」と子ども達にやってほしいことを提案していきます。

　「先生は10回噛むから、一緒にやってみようよ」「べー、こんなに舌が出るよ。競争しようか。せーの！」と、遊びやゲームを取り入れ、子ども達には摂食指導や発話指導を好きになってほしいと思います。

　また、「最初の○口だけスプーンで啜るよ」、個別指導の最初に「今日は『カ』を出してみよう」のように時間を区切って取り入れるのもよいでしょう。

　摂食指導も発話指導もやり方は様々です。もし、何が正しいのかがわからなくなったら、自分はどうやって食べているか・話しているか、鏡を見て、誰かの様子を見て、見直してください。恐らく、私達が食べている食べ方が、一番楽な食べ方です。

　「サ」を話す時に、自分の舌がどのように動いているかを知ってください。その動きを子ども達にわかるように伝えればよいと思います。そして、その子どもの知的発達や理解の程度をよく見極めて指導してください。担任の先生の腕の見せ所です。

　歯科医師や言語聴覚士のアドバイスを受けるのもよいでしょう。専門家の見方で子ども達を評価し、新たな視点を教えてくれるからです。

　少しうまく噛めるようになると、声が出るようになると、子ども達はとても喜びます。「ぼく、たくさん噛めた。おいしかった」「ちゃんと話せた」。摂食も発話も、本

人自身が変化を実感できる内容を提案することが大切です。うまく噛めるようになった子どもが、ことばが出るようになった子どもが、「ほら、先生」とニコニコ食べる様子、話す様子をちょっと自慢気に見せてくれる姿は、いつも私達を幸せにしてくれます。

　本書の作成にあたり、東京都立東大和療育センター・日本歯科大学の鈴木文晴医師にご指導をいただきました。イラストや写真では東京都立東部療育センターの飯塚純子言語聴覚士、東京都立多摩桜の丘学園の瀧口智子栄養士にご協力をいただきました。子ども達と担任の先生方にはたくさんのヒントをいただきました。保護者の方には、画像の掲載をご快諾いただきました。力を貸してくださった皆様に、心からお礼を言いたいと思います。ありがとうございます。

坂口　しおり

著者紹介

坂口しおり　東京都立八王子東特別支援学校　副校長

筑波大学大学院教育研究科障害児教育専攻修了。言語聴覚士。臨床発達心理士。
専門は重度重複障害児へのコミュニケーション指導、インリアル・アプローチ、健常児のコミュニケーション発達。
主な著書に『インリアル・アプローチ』（分担執筆、日本文化科学社、1994年）、『脳と障害児教育』（共著、ジアース教育新社、2005年）、『コミュニケーション支援の世界』（ジアース教育新社、2006年）、『障害の重い子どものコミュニケーション評価と目標設定』（ジアース教育新社、2006年）、『コミュニケーション支援の世界』（ジアース教育新社、2007年）、『絵で見ることばと思考の発達』（ジアース教育新社、2009年）。雑誌「レッツ特別支援」（ジアース教育新社、年3回発行）編集委員長を務める。

（2016年8月現在）

知的障害特別支援学校での摂食指導と言語指導

2016年10月 9日　初版第1刷発行
2022年 8月 1日　初版第4刷発行

- ■著　者　　坂口しおり
- ■発行者　　加藤　勝博
- ■発行所　　株式会社 ジアース教育新社
  　　　　　〒101-0054　東京都千代田区神田錦町1-23
  　　　　　　　　　　　宗保第2ビル
  　　　　　電話番号　03-5282-7183
  　　　　　Ⓒ Shiori Sakaguchi 2016, Printed in Japan

表紙デザイン　　株式会社 彩流工房
印刷・製本　　　株式会社 創新社
○定価はカバーに表示してあります。
○乱丁・落丁はお取り替えいたします。
ISBN978-4-86371-376-5